新时期高校大学生心理健康教育问题及创新路径研究

赖俐诺 ◎ 著

吉林出版集团股份有限公司

图书在版编目（CIP）数据

新时期高校大学生心理健康教育问题及创新路径研究/赖俐诺著. — 长春 ：吉林出版集团股份有限公司，2022.4

ISBN 978-7-5731-1391-7

Ⅰ．①新… Ⅱ．①赖… Ⅲ．①大学生－心理健康－健康教育－研究 Ⅳ．①G444

中国版本图书馆 CIP 数据核字 (2022) 第 055511 号

新时期高校大学生心理健康教育问题及创新路径研究

著　　者	赖俐诺
责任编辑	陈瑞瑞
封面设计	林　吉
开　　本	787mm×1092mm　　1/16
字　　数	210 千
印　　张	9.5
版　　次	2022 年 4 月第 1 版
印　　次	2022 年 4 月第 1 次印刷

出版发行	吉林出版集团股份有限公司
电　　话	总编办：010-63109269
	发行部：010-63109269
印　　刷	北京宝莲鸿图科技有限公司

ISBN 978-7-5731-1391-7　　　　　　　　　　　　定价：68.00 元

版权所有　　侵权必究

前　言

作为心理发育还未完全成熟的群体，青年大学生群体面临着思想、情感、生活、就业等方面的压力。文章简述了高校大学生心理健康方面存在的一些问题，并从加强社会主义核心价值观培养、充分发挥高校辅导员队伍的引导作用、创新大学生心理健康教育课程模式等方面，探讨高校大学生心理健康教育工作的可行路径。

中国特色社会主义已经步入新时代，在新的时代背景下，社会主要矛盾发生深刻变化，文化环境更加多元，竞争愈加激烈。在这样一个充满着新的机遇和挑战的视域下，青年大学生群体将会面临思想、情感、生活、就业等方面的压力。因此，如何让大学生具有良好的心理素质，成为社会主义合格建设者和可靠接班人就成了高校教师的重要研究课题。

大学生在高中阶段多是全身心投入学习，"应试教育"的束缚、家长的全方位保护、生活经历的相对单一，容易使其性格和行为产生一定的偏差。进入大学校园后，人际交往成为较之先前单一生活的一个重要变化，人际关系作为人的基本社会需求会直接影响自我的实现与肯定。自我优越感的消失和人际关系的疏离，容易导致大学生缺乏社会安全感，继而产生来自主体内部的压力。

客观压力主要来源于日常学习、生活适应和就业与自我发展等方面。一方面，大学时期的学习方式多是自我约束型，从课程的广度转变为课程的深度，从记忆性学习模式转变为实践性学习模式，大学生的自律能力将决定其在校成绩，继而会造成大学生的学习压力；另一方面，就业压力是大学生身上普遍存在的压力，随着就业形势日趋严峻，很多大学生出现不同程度的焦虑、恐慌、烦躁等心理现象。

心理健康教育是高校人才培养体系的重要组成部分，有利于提高大学生心理素质，促进大学生身心和谐发展。大学生心理健康教育需要多方合力，协同作业，并且应当立足新时代大力推进教育理念、教育方式、教育内容的创新，满足当代大学生身心发展的需要。要不断探索实践，注重加强社会主义核心价值观培养，充分发挥高校辅导员队伍的引导作用，创新大学生心理健康教育课程模式，促进心理健康教育持续稳定开展，着力培养德智体美劳全面发展的社会主义建设者和接班人。

目录

第一章 新时期我国大学生心理健康问题研究 ·················· 1
  第一节 我国大学生心理健康教育问题 ·························· 1
  第二节 我国大学生心理健康教育课堂教学的问题 ·············· 7
  第三节 大学生心理健康问题与危机干预 ······················ 10
  第四节 我国大学生朋辈心理辅导研究 ························ 14
  第五节 贫困大学生心理健康服务的意义、问题 ················ 19
  第六节 同性恋大学生的心理健康教育问题 ···················· 22

第二章 新时期大学生心理危机 ································ 26
  第一节 大学生心理危机研判 ·································· 26
  第二节 大学生心理危机的识别 ································ 33
  第三节 大学生心理危机干预 ·································· 38
  第四节 大学生心理危机干预体系 ······························ 45
  第五节 价值观与大学生心理危机 ······························ 50

第三章 新时期大学生心理健康教育教学模式 ················ 54
  第一节 慕课与大学生心理健康教学模式 ······················ 54
  第二节 大学生心理健康教育课程教学模式 ···················· 60
  第三节 大学生心理健康教育课堂教学模式 ···················· 66
  第四节 大学生心理健康课程体验式教学模式 ·················· 69
  第五节 大学生心理健康课程大班分层教学模式 ················ 72
  第六节 大学生心理健康教育"四位一体"教学模式 ············ 77
  第七节 大学生心理健康"教学做一体化"教学模式 ············ 81

第四章 新时期大学生心理健康教育方法 ······················ 87
  第一节 大学生心理健康教育的新视角 ························ 87

  第二节 音乐教育与大学生学生心理健康 ·· 90

  第三节 大学生活动中心实施心理健康教育 ·· 94

  第四节 案例法介入大学生心理健康教育 ·· 96

  第五节 大学生心理健康教育政策的经济环境 ·· 100

第五章 新时期大学生积极心理学教育创新路径 ·· 105

  第一节 积极心理学与大学生心理健康教育 ·· 105

  第二节 基于积极心理学的大学生心理品质培养体系的构建 ···················· 107

  第三节 基于积极心理学的大学生心理危机干预策略探究 ························ 109

  第四节 浅谈积极心理学视野下的大学生心理健康教育 ·························· 113

  第五节 积极心理学视角下的大学生心理健康教育探索 ·························· 115

第六章 新时期互联网大学生心理健康教育创新路径 ······································ 120

  第一节 互联网背景下大学生心理健康教育实践研究 ······························ 120

  第二节 互联网＋背景下大学生心理危机预防教育 ···································· 124

  第三节 自媒体时代大学生心理健康教育创新研究 ···································· 127

  第四节 互联网背景下心理健康教育课程新形态立体化教材的建设 ········ 131

  第五节 互联网＋背景下高校"边缘生"心理健康教育模式 ···················· 135

  第六节 互联网＋背景下贫困大学生心理问题分析与教育 ························ 138

参考文献 ·· 144

第一章　新时期我国大学生心理健康问题研究

第一节　我国大学生心理健康教育问题

心理健康是当今社会人才需求的基础性因素，以培养高素质人才为首要任务的高校更要重视并切实做好大学生的心理健康教育工作。本节通过分析20世纪80年代、90年代和21世纪三个时期我国大学生心理健康问题以及高校对其进行教育的方法和手段，说明对大学生进行心理健康教育的重要性。我国的大学生肩负着为社会主义现代化建设事业奋斗的历史使命，重视其心理健康教育、优化其心理素质是社会进步和时代发展的迫切要求，是全面提高大学生综合素质的重要内容。新时期高校大学生心理健康问题及其教育问题成为重要课题，我们要不断加强对问题的研究，保证大学生全面健康发展。

经济社会发展日益加快，大学生承担的心理压力也越来越大，因此大学生心理健康教育的作用就凸现出来，逐渐受到社会各界的重视。我国大学生心理健康教育起步于20世纪80年代中期，起步较晚、发展较慢，不能够较好的调节大学生的心理健康。通过对我国大学生心理健康问题的历史分析，并反思在此过程中出现的问题，有利于更好地解决大学生心理健康问题，促进大学生全面健康发展。

一、大学生心理健康教育相关概念

为了做好大学生的心理健康教育工作，促进其全面健康发展，首先要明确大学生心理健康教育的相关概念。

（一）心理健康

心理健康是健康概念的重要组成部分，是相对于生理健康而言的，一般既指心理健康的状态，也指维持心理健康，预防心理障碍或行为问题。

联合国世界卫生组织对心理健康的定义是："心理健康不仅指没有心理疾病或变态，不仅指个体社会适应良好，还指人格的完善和心理潜能的充分发挥，亦指在一定的客观条件下将个人心境发挥到最佳状态。"

1946年，第三届国际心理卫生大会对心理健康是这样定义的："所谓心理健康，是指在身体、智能以及情感上，在与他人的心理健康不相矛盾的范围内，将个人心境发展成最佳的状态。"

从广义上讲，心理健康是一种持续高效而满意的心理状态；从狭义上讲，心理健康是知、情、意、行的统一，是人格完善协调，社会适应良好。

（二）大学生心理健康教育

大学生心理健康，主要是指在当前的经济社会约束条件下，大学生心理与行为是否统一，对自己的心境、学习、社会环境、人际关系等是否满意，有无追求美好生活的愿望及较为可行的实现路径。

大学生心理健康教育则是指高校向学生提供的所有旨在解决学生心理问题、提高学生心理健康水平的教育活动，大学生素质教育的重要组成部分，是落实素质教育工程、培养高素质人才的重要环节。

二、20世纪80年代高校的心理健康教育

20世纪80年代，学校心理健康教育首先以心理咨询的形式在我国高校兴起，心理咨询成为思想政治教育的活动之一，咨询对象主要是存在各种心理问题的部分大学生。

（一）20世纪80年代大学生常见心理问题

20世纪80年代，中国社会发生巨大变化。改革开放以来，经济快速发展，人们的生活方式和价值观念也发生了很大的变化。社会的变化使大学生情绪不稳定的现象加剧，加之不适应环境等因素而产生各种心理问题。

一是学业课程压力过大引起的焦虑。进入大学校园以后，学习的课程增多，内容也变得更难，与中学的学习方式内容有很大的不同，学习压力和同学间的竞争也愈演愈烈。在这样的焦虑情绪下，大部分学生会有睡眠不足的情况，甚至出现神经衰退的症状。长此以往，学习兴趣低落，出现成绩降低。

二是环境的转变引发的紧张不适。初入大学校园，一些大学生会产生初入新环境的不适感。此前与父母一起生活，在生活学习中可以得到很好的照顾，而现在则在宿舍和别的同学一起过集体生活，除了互相生活习惯的影响外，自身的生活能力不够都会让他们紧张不适，极易引发各种心理问题。考入外地的大学生则更容易出现这类情况，除了生活习惯和自身问题之外，地域环境的改变、饮食习惯的不同都会让他们产生不适感。

三是人际关系的不适引出的心理问题。与中学时期不同，在大学里，与老师之间、同学之间以及异性之间的关系变得更加复杂。一些大学生在与别的同学进行人际交往的过程中，由于缺少正确的方式或技巧，在处理问题的时候做不到皆大欢喜，往往会产生不好的结果，从而对人际交往产生焦虑与恐惧。

四是理想与现实间的矛盾产生抑郁心理。一般来说，大学生都有着崇高的理想，他们非常关心国家和社会的发展及问题，然而理想中的国泰民安和现实中各种杂乱的社会问题的对比会使一部分大学生感到不满，出现消沉的心情，直接影响到他们对于学习的积极性，

甚至会产生抑郁等各种心理问题。

五是性和恋爱产生的心理问题。大学生正处在青春期,在这个阶段往往会对异性产生好奇与关心,因而出现各种恋爱问题,由此引发单相思、失恋等各种烦恼与不安心理。1985年在上海召开的全国性教育研讨会上,重庆地区的大学生调查表明,有时关于性而产生烦恼的学生占53%。

(二)高校进行思想教育的方法和手段

20世纪80年代,高校对大学生心理健康问题进行思想教育的方法和手段主要是心理咨询,其形式主要以个别面谈为主。部分学校也开展了电话咨询、集体咨询、通讯咨询等形式,通过适当的方法,把引导的工作做在前边,提倡关心和热爱学生。

钟友彬依据心理动力学疗法的原理与中国实情及人们的生活习惯相结合,在1988年开发了认知领悟疗法,即通过解释使求治者改变认识,得到领悟而使症状得以减轻或消失,从而达到治病目的。这种疗法就是要找出一个人不现实的、不合理的或非理性的、不合逻辑的思维特点,并帮助他建立较为现实的认知问题的思维方法,来消除各种不良的心理障碍。

80年代我国高校心理咨询活动虽处于发展初期,但已经具备一定的规模和影响,并取得一定的成果。

三、20世纪90年代高校的心理健康教育

(一)20世纪90年代大学生常见心理问题

一是大学生活适应问题。首先,生活能力弱,大学生处理日常事务的能力稍显不足,当他们面对新的生活环境,新的思维模式,心理压力会随之增大,加上心理的承受能力不足,就容易产生各方面的不适,甚至产生不良后果。其次,对挫折的心理承受能力弱,在学习、生活各个方面遇到挫折时只是倍感无力、一味逃避,不能主动面对。

二是自我评价障碍。大学生要客观地认识自己、评价自己才能正确地看待自我,摆脱困扰。一些大学生对自己评价过高,认识问题片面而固执,对他人、对社会的要求完全高过对自身的要求,期望越高往往失望越大,长此以往会让他们对自己产生怀疑、感到悲观,变得不自信。还有一些大学生对自己评价过低,自卑感相当强,觉得自己各个方面如成绩、长相等都不如别人,在遇到挫折时也更容易怀疑自身价值,对自己失去信心,思想变得消极,从而导致怀疑自己的能力,甚至对一切都不感兴趣。

三是个性心理问题。首先,大学生正处在青春期,情绪不稳定,波动较大,心理发展还不够成熟。其次,大学生的心理较脆弱,离开校园迈向独立生活的道路上,会因为遇到困难和挫折就灰心丧气,消极低沉,甚至出现心理疾病。

四是人际关系不适。进入大学后,人际关系逐渐社会化、复杂化,加之远离原来熟悉的生活与学习环境,使一些学生感到不适应。在"目前,你感到最苦恼的事"中有80%

的学生的回答涉及人际关系。每个学生的性格、说话方式、生活习惯等等是不同的,在人际交往过程中难免就会产生误会与分歧,引发学生的焦虑心理及学生之间的猜忌等问题,不利于健康成长。

对大学生的心理健康问题进行思想教育,必须通过一定的途径来实施,也必须通过有效的方法来进行。

(二)21世纪以来大学生常见的心理问题

一是建立以学生发展为核心的心理咨询观念。20世纪80年代中期,以问题为中心的咨询治疗忽视了很多正常学生寻求发展的心理需求和精神需要,因此要建立以学生发展为核心的心理咨询。

二是开设心理健康指导课程,提高学生的理论素养。在对大学生的专业课程教育的同时,要重视对他们心理健康的教育,普及心理健康方面的知识,正确认识自己、优化自身心理、增强人际关系。在入学之初开设心理健康指导课程,也可以让大学生更好更快地适应并投入到新的学习生活环境中来。

三是定期对大学生心理健康问题开展普查,及早了解学生的心理问题并加以预防。一方面,对刚入学的新生进行心理健康普查,对其心理健康状况进行全面掌握,出现问题也可以及时制定措施来解决。另一方面,对在校生的心理健康进行定期检查,有计划、有针对性地进行心理治疗。

四是树立教师的心理健康意识。学校应重视树立教师的心理健康意识并增强教师的心理健康意识,让教师们在平时的教学课堂中融入相关内容,让学生在潜移默化中增加对于心理健康知识的需求。使他们了解学生的心理特点,并自觉将心理学知识和方法运用于教学中。增强全员教师的心理健康意识,是完成心理素质教育系统工程的必要途径。

五是加强宣传教育,引导学生自我完善。学校应通过各种方式进行传播、教育,引导大学生优化自身心理,帮助他们树立正确的人生观和价值观,并拥有乐观向上的生活态度。同时,参加各种社会实践活动,及早适应复杂多变的外部环境,锻炼自己,提高适应能力,为今后真正走向社会做好基础工作和心理准备。

四、21世纪高校的心理健康教育

21世纪以来,我国绝大多数高校开设了心理健康教育专业及相关研究方向,并设置了心理咨询中心、心理健康辅导中心或心理健康教育中心等专职服务机构,我国高校心理健康教育工作步入全面、深入、多元的发展阶段。

到了20世纪90年代,我国大、中、小学生的心理健康问题日渐增多,心理健康教育逐渐受到了全社会的关注,心理咨询工作得到加速发展,成为思想政治教育的重要内容。1994年8月31日中共中央颁布的《关于进一步加强和改进学校德育工作的若干意见》更是第一次明确提出了"心理健康教育"一词,把"指导学生在观念、知识、能力、心理素质方面尽快适应新的要求"作为新形势下的"学校德育工作需要研究和解决的新课题","要积极开展青春期卫生教育,通过多种方式对不同年龄层次的学生进行心理健康教育和指导,帮助学生提高心理素质,健全人格,增强承受挫折、适应环境的能力。"在国家政府及相关部门的支持下,我国高校心理健康教育得以迅速普及和发展。

2004年,中国疾病控制中心和精神卫生中心公布的统计数据表明,有16%-25%的大学生患有心理障碍。2011年,由大学生杂志社、中国大学生网公布的《2010-2011年度大学生心理健康调查报告》显示,九成多的大学生有过心理方面的困扰,其中27%的大学生认为自己经常有心理方面的困扰。由上述调查结果可知,大学生的心理健康状况已经成为影响大学生正常学习与生活的重要因素。

一是环境适应问题。出现这一问题的大多数是新生,大学校园与高中校园的不同会让他们感到惊慌,地域的不同会让他们感到迷茫,生活方式的不同会让他们感到无措,一切的不同使得他们很难适应新的生活,从而产生心理障碍。

二是学习方面的心理问题。大学生的学习时间、学习内容、学习方式与高中时的完全不同,如果不能转变学习方法与学习态度就会很难适应,部分大学生会产生各方面的心理问题,如自卑、厌学等等,严重影响着大学生的心理健康与正常学习。

三是人际交往中的心理问题。大学生的人际交往过程中,一部分大学生以自我为中心,说话做事从不顾及他人,不能宽以待人,从而在于他人交往中会遭受挫折;也有一部分大学生过于势力,以是否对自己有利来判断交往的对象,与他人交往目的性太强,长此以往,只会遭到大家的疏离。

四是求职就业问题。就业是民生之本,随着我国高校教育制度的改革,就业政策也随之发生很大的改变,形成自主择业的新型就业模式。大学生在求职择业时会产生一些心理问题,如缺乏勇气与自信、不能对自己正确定位、逃避现实等等。在面临择业时,要积极面对,对自身进行正确的评价,掌握专业的技能,强化自己的心理素质,提高求职就业的成功率。

大学生是民族的希望,是祖国的未来。高校应认真学习马克思列宁主义、毛泽东思想和中国特色社会主义理论体系,加强思想政治教育工作,全面落实党的教育方针,以理想信念教育为核心,以爱国主义教育为重点,以思想道德建设为基础,以大学生全面发展为目标,坚持以人为本,贴近生活,努力提高思想政治教育的针对性、实效性,增强大学生的综合素质。大学生的心理素质影响其综合素质的发展,因此,要用正确有效的方法和途径来加强大学生的心理素质,从而提高其综合素质。

第一,开设大学生心理健康课程。2011年5月28日教育部颁发的《普通高等学校学生心理健康教育课程教学基本要求》,要求各高校要根据学生心理健康教育的需要,结合本地区、本校的实际,制订科学、系统的教学大纲和教学计划,组织实施教育教学活动,保证学生在校期间普遍接受心理健康课程教育。开设大学生心理健康课程能够正确引导大学生认识、学习相关知识,并以此来提高自身的心理健康素质。

第二，举办大学生心理健康知识讲座。在讲座现场还可以通过游戏、互动的方式来加深大家对心理健康知识的认识，更加生动有趣地表现出复杂的知识理论，加深大学生的印象。

第三，建立高素质的心理健康教育队伍。心理健康教育应该融入学校教育与教学工作的全过程中。我们既要加强心理学专业教师的心理健康教育，也要增强非专业教师的心理健康教育意识和能力，持续开展心理健康教育，真正提高大学生的心理素质。

第四，大学生心理健康教育工作的网络化。网络时代的到来给人们的生活、工作和学习带来了新方式的同时也带来了便利。随着互联网的普及，大学生心理健康教育工作实现网络式发展，他们可以通过心理咨询软件来自我测试，用在线文字、语音咨询或者用电子邮件咨询，也可以通过电话咨询，心理健康教育工作的网络化能够更好地保护学生的隐私，加强心理健康教育工作的效果。

第五，开展课外活动项目与社会实践活动。大学生要多多参与健康向上的课外活动，不仅能够培养自己的兴趣，还能愉悦自己的身心。同时，大学生也要多多参与社会实践活动，不仅能丰富自身的经验，还能开阔自己的视野。

五、加强大学生心理健康教育的指导意义

加强大学生心理健康教育，是培养高素质人才的必然要求。优化大学生的心理素质，提高大学生综合素质的有效方式。

第一，加强大学生心理健康教育，是社会进步和时代发展的迫切要求。科学技术的进步和社会的飞速发展让人们学习、工作和生活的压力越来越大，因此，产生的心理问题也不断增多。特别是近年来，人们的物质生活变得富足的同时，产生越来越多的心理问题，如焦虑、抑郁、迷茫等等，大学生中也出现这些情况，这完全影响到了他们正常的生活、学习和工作。加强大学生的心理健康教育已经成为社会发展的必然要求。

第二，加强大学生心理健康教育，是全面实施素质教育的重要内容，是提高大学生综合素质的有效方式。中共中央、国务院在《关于深化教育改革、全面推进素质教育的决定》中指出："在全面推进素质教育中，必须更加重视德育工作，加强对学生的心理健康教育。"加强大学生心理健康教育是提高大学生综合素质的有效方式。《中国教育改革和发展纲要》强调要："面向全体学生，全面提高学生的思想道德、文化科学、劳动技能和身体心理素质，促进学生生动活泼地发展。"当代大学生应该提高自身的心理素质和综合素质，有效缓解内在及外在的压力，加强对环境的适应能力，谋求更好地发展。

六、加强大学生心理健康教育的措施

注重对大学生内心世界的启迪。在马克思主义看来，事物的发展由内因和外因共同作用，而真正起作用的还是内因，内因是基础和事物将要发生的一切改变的出发点，也就是

说，如果个体未能通过自身的修炼使自身的道德水准获得了提升，那么，即便外界环境在围绕着这一事物做着同等形式的努力，所能够取得的效果也必将是有限的，甚至是事倍功半的。由此可见，内修在这一过程中的重要性是十分显见的。为了实现这一点，首先需要通过教育和实践增强大学生的理想和信念，使其真正成为其人生的精神支柱，使其人生的目标更加明确，对现实世界更加怀有好奇心，精神饱满，胸怀大志，对生存和发展问题能够进行理性的思考，这样的人生才有存在的意义。

注重社会主义核心价值观的引导。在社会转型期，对大学生进行心理健康教育需要注重对其社会价值观的纠正，通过普法教育和全社会的共同关注，改变旧有的但依然盛行的腐化观念，号召全社会成员积极参与社会活动，从中树立和重建新的社会价值观，或者实现社会价值观的及时回归。在这方面，我们完全可以效仿其他国家的做法，在青少年中间宣扬民族精神和社会的正确的价值取向。比如，德国始终坚持对青少年进行"民族性格"和"善良教育"的培养，事实上，这种坚强的日耳曼民族传承也在近几个世纪以来取得印证，当然其中一些给世界带来不可磨灭的灾难。其实，这些做法都值得我们借鉴，或者，需要我们重新在将他们丢弃的荒野重新拾起，将民族精神、道德理论、入世态度重新披盖于当代大学生的身心，使其在纷繁复杂的世界中"独善其身"。

21世纪以来，我国的高等教育正在进一步的变革，人们更加意识到心理素质在培养大学生综合素质中的重要作用。在新的形势下，只有更深入地研究大学生心理健康问题、创新大学生心理健康教育机制、保证大学生全面健康发展，才是今后的重要课题和努力方向。我们要充分认识到大学生心理健康及其教育的重要性和必要性，切实做好大学生心理健康工作，提高大学生的心理水平和心理适应能力，增强大学生的综合素质，为培养高素质人才做出贡献。

第二节 我国大学生心理健康教育课堂教学的问题

课堂教学作为我国大学生心理健康教育的主要渠道在高校心理健康教育工作中发挥着独特作用，同时，也面临着诸多困境。本节通过分析我国大学生心理健康教育课堂教学效果欠佳的原因与问题，包括未体现出心理健康教育课特色、内容针对性不足、不符合大学生不同发展阶段的需求等，据此提出"面与点相结合"的教学模式，即在概述心理健康重要领域的基础上，根据学生的心理发展现状和发展需求对不同学生群体进行有针对性的教育指导。

大学阶段是个体人生转折与发展的重要时期，也是学生心理行为问题的高发阶段。由于学业竞争、择业困难、人际及恋爱关系等方面的压力，大学生心理问题检出率呈现出居高不下的态势，大学生心理健康教育也越来越受到重视。2001年教育部颁发《关于加强普通高等学校大学生心理健康教育的意见》，将课堂教学作为我国大学生心理健康教育的主要渠道。2011年，教育部又相继颁布了《关于印发〈普通高等学校学生心理健康教育工作基本建设标准（试行）〉的通知》和《关于印发〈普通高等学校学生心理健康教育课程教学基本要求〉的通知》，进一步明确了课堂教学在我国大学生心理健康教育工作中的地位和作用。然而，课堂教学作为目前我国大学生心理健康教育的主要渠道，在教学效果方面尚不尽如人意，例如有教师与研究学者指出，目前的课堂教学难以满足学生真正需求，学生对心理健康课的看法由开始的"感兴趣，很好奇"变成了"没意思，没用处"，对心理健康课由最初的热望变成最后的失望。本节将就目前我国大学生心理健康教育课堂教学中存在的问题展开讨论，并据此提出改革模式供进一步探讨。

一、我国大学生心理健康教育课堂教学的独特性与重要性

经济发达国家的大学生心理健康教育起步早、发展快，逐步从早期的矫正性治疗发展到当前的预防、发展性指导，其心理健康教育的服务途径则主要包括职业和学业选择指导、学习咨询、学生的社会问题和情绪问题咨询、对问题学生进行行为治疗和具体的学业指导等。我国大陆地区的大学生心理健康教育工作起步较晚，且存在学生基数大、专兼职教师不足、专业机构缺乏、心理咨询与治疗污名化程度严重等诸多困难。经过二十多年的发展，我国大学生心理健康教育工作的领域逐步拓宽，水平不断提高，在借鉴国外先进理念的基础上结合我国实际国情和本土化特色，形成以课堂教学为主，兼具个体咨询、团体辅导的大学生心理健康教育模式。

以课堂教学作为我国大学生心理健康教育的主要渠道具有重要的意义与作用。一方面，课堂教学是解决我国高校学生基数大、心理健康教育专兼职教师数量不足的有效途径。据调查，我国心理健康教育专兼职教师与学生的比例约在两千分之一到三千分之一之间，远低于台湾的六百分之一以及日本的千分之一，因此，只有通过课堂教学渠道才能让更多学生接收到心理健康教育与指导；另一方面，课堂教学也是在当前心理咨询污名化严重的背景下开展心理健康教育的有效渠道。调查显示，我国大学生心理健康现状不容乐观，使用UPI测查工具检出的一类学生（具有严重心理问题的学生）人数接近学生总数的1/3，除此外还有更多存在潜在心理困扰的学生。然而，事实上只有极少量的学生能主动寻求个体心理咨询服务，更多存在心理问题和潜在心理困扰的学生因不了解自己的心理状态，或担心被贴上"心理有病"的标签不敢寻求专业帮助。相较而言，心理健康教育课堂教学的形式更容易被学生所接纳，能够为广大学生提供发展性指导，预防心理问题的产生，也为存在心理问题和潜在心理困扰的学生提供自我矫正与恢复的方法。

二、当前我国大学生心理健康教育课堂教学中存在的问题

形式上多为大班教学，未能体现出心理健康教育不同于传统学科教学的特色。心理健康的标准不是个体掌握了多少"正确"的心理健康知识，而是以是否拥有积极的情感体验、

适度的情绪表达与控制、切合实际的生活目标、完整与和谐的人格、恰当和清晰的自我认识、良好的人际关系等为标准。因此，与重视学科逻辑结构和知识体系的传统学科教学不同，心理健康教育课应是集心理知识的传授、心理活动的体验、心理调适技能的训练为一体的综合课程，尤其重视学生的自我体验、分享以及在生活中的实践应用。但目前大学生心理健康教育普遍采取的是大班教学的形式，每个教学班包括2~3个行政班级约100余名学生。伴随大班教学的一大问题是课堂互动受限，课堂上教师多以单向的知识讲授为主，将心理健康教育课定位为心理健康知识的普及课，难以开展丰富多彩的体验式活动以及组织有效的分享讨论，使课堂失去应有的活力。

内容上丰富全面，然而针对性不足，未能就学生发展现状进行深入指导。从内容上看，目前大学生心理健康教育课涉及的范围是很全面的，包括心理健康的基础知识（如心理困扰与异常心理的识别、心理咨询介绍等）、自我认识与发展（如自我意识培养、人格发展等）以及各类心理调适能力（如学习、恋爱、就业、压力应对、生命教育等）。这些内容基本涵盖大学发展阶段个体心理健康的方方面面，提供从预防、指导到矫正、治疗的多方面知识与技能。然而，大学生心理健康课一般只有32~36个学时，平均到每个主题就2~3个学时，如果每个主题都从基础知识点到活动体验与讨论再到实践应用，各环节都只能蜻蜓点水浅尝辄止，很难真正给学生带来触动，起到有效的指导作用。事实上学生心理发展的短板和需求是各不相同的，比如有的学生可能在人际关系方面有更多困扰和需求，而有的学生则在学业或生涯发展方面需要更多的指导，这也就要求心理健康教育课不能仅仅"全而泛"，应做到面与点相结合，在对重要主题领域进行概述的基础上，依据学生的发展现状和需求进行有针对性的深入指导。

设置上课堂教学集中在大一完成，不符合大学生不同发展阶段的需求。个体是不断发展变化的，心理也是随情境动态变化的，在发展的不同阶段学生遇到的典型问题可能存在不同。例如，一般大一新生的问题突出表现为新环境适应困难，难以应对各类变化；大二阶段开始涌现各类人际关系问题、恋爱困扰；大三阶段最突出的问题表现为学业倦怠、迷茫、生涯规划困扰；大四学生则最需要压力与挫折应对、就业困扰方面的指导。可见，心理健康课不是一劳永逸的课程，应伴随学生的整个大学生活。就目前大学生心理健康教育课的开展来看，课程往往被安排在大一进行，只有极少学校还开设了全校范围的心理健康方面的选修课，大一之后学生便很难再接触到心理健康相关的学习。一方面，导致心理健康教育课的学习内容与大一学生的发展特点不匹配，课堂教学内容与学生主体缺乏共鸣，难以激发学生的体悟和学习兴趣；另一方面，当学生进入新的发展阶段，有相应的心理困扰和指导需求时，缺乏获得预防和发展性指导的途径，导致大量学生出现心理问题或疾病症状。

三、大学生心理健康教育课堂教学的模式探索

基于上述我国大学生心理健康教育课堂教学的独特作用和既有问题，本节提出发展"面与点相结合"的大学生心理健康教育教学模式。一方面，压缩既有"面"的普及教育内容，即心理健康基本知识、自我认识与发展以及各类心理调适能力等重要领域的一般知识与技能学习；另一方面，增加"点"的针对性指导，即针对学生心理适应发展相对较弱的领域以及不同发展阶段的需求，在不同领域进行更深入、有针对性的学习。在现有课堂教学的基础上，主要进行以下几方面改进。

一是基于学生的心理发展现状分班教学，对不同学生群体进行有针对性的指导。大一阶段除进行传统心理健康重要领域的普及教育外，还应增加基于学生发展现状的针对性指导。实践操作上可基于新生心理健康测评结果为分班教学提供依据。例如教育部组织专家编制的《大学生心理适应量表》，从人际关系适应、学业适应、校园生活适应、择业适应、情绪适应、自我适应、满意度七个维度评估大学生在不同领域的心理适应现状。基于测评结果可以将大一新生按照适应困扰最突出的领域进行分班，进而对具有相同适应问题和需求的学生进行有针对性的指导。

二是根据学生不同发展阶段需求，在其他年级开设心理健康延伸教育选修课程。课堂教学途径在我国大学生心理健康教育中的独特作用也对心理健康教育课提出了更高的要求，即需要伴随学生的整个大学生活。除大一以外，有必要针对不同年级学生发展的主要任务和需求开设相应的心理健康延伸教育课程，供有指导需求的学生选修。延伸课程亦属于"点"的指导，是围绕某一具体领域展开的深入而有针对性的指导，以体验活动和讨论小组为主，注重培养学生实际应用和解决问题的能力。

三是通过培训有条件的辅导员、聘请专家讲座等多元途径克服师资力量不足的困难，实现课堂教学的新模式。无论基于学生心理发展状况分班教学，还是开设心理健康延伸教育选修课程，都涉及需要更多心理健康教育师资力量的问题。在"面"的普及教育中，主要以加强既有专兼职心理健康教师的专业技能和教学技能培训为主，促进更丰富和有效的课堂教学手段；在"点"的针对性指导中，可通过更为灵活多样的方式补充师资力量，例如发展、培训有条件的辅导员参与到某些自身擅长领域的心理健康教育课堂教学中，充分调动社会资源，聘请相关领域的专家举办专题讲座或各类活动来折合学时等。

第三节　大学生心理健康问题与危机干预

随着我国社会经济的迅猛发展，大学生所承受的心理压力越来越大，致使他们的心理健康问题也愈来愈严重。因此，大学生的心理健康问题必须得到高校乃至社会的高度重视，

并构建行之有效的大学生心理危机干预机制，这不仅有利于帮助大学生重新构建健康的心理，还有利于推动高校乃至社会的和谐稳定发展。由此可见，深入探索大学生心理健康问题与危机干预是很有必要的。通过概述大学生心理健康与心理危机，分析大学生心理危机的成因，探究大学生心理危机干预模式，并提出大学生心理危机干预对策，以供人们参考。

大学生的心理健康问题，不仅会影响到大学生的学业与生活，甚至还会危及大学生的生命。由此可见，大学生的心理健康问题应该得到高校乃至社会的广泛关注。如何应对大学生的心理危机，已成为当前各大高校无法回避的紧迫问题。所以对大学生心理健康问题与危机干预进行深入的探索是很有必要的，它对大学生的健康成长来说是很有帮助的。

一、大学生的心理健康与心理危机

要想更好的概述大学生的心理健康与心理危机，就必须从以下两方面着手：第一，大学生心理健康的现状；第二，大学生心理危机类型。

大学生心理健康的现状。从目前来看，并不是所有的大学生都有严重的心理健康问题。很多大学生在遇到困难的时候，还是较为乐观的，他们通常会持以积极的心态去解决所遇到的所有困难。然而，还有很多大学生缺乏健康的心理，这些大学生在遇到挫折的时候，是十分消极的，他们一般都会有较为严重的心理问题，甚至会有一定的自杀倾向，这对大学生的健康成长来说是非常不利的。由此可见，大学生的心理健康问题具有一定的普遍性，高校乃至社会必须对其加以高度的重视，若不及时采取对策，是很难推动高校乃至社会的和谐稳定发展的。

大学生心理危机的类型。大学生心理危机类型主要分为以下两类：第一，发展性危机。它主要是指大学生在个体成长发展阶段可能出现的危机，例如，生活意义与生命价值感悟的问题、环境与人际关系适应的问题、现实自我与理想自我的问题、就业与求学的问题等，这些问题通常源于大学生的内在影响因素，并且具有一定的自我调节性和内生性；第二，情境性危机。它主要是指大学生在日常生活中可能出现的危机，例如，暴力伤害、考试失利、遭遇亲人离逝、班干部竞选失败以及失恋等，这些问题一般源于大学生的外在影响因素，并且具有一定的突发性和外生性。从目前来看，大学生遇到发展性危机的概率是比较大的，但是危害性却不大；而大学生遇到情境性危机的概率相对来说是比较小的，但是危害性却较大，一旦遇到，其后果不堪设想。

二、大学生心理危机的成因分析

大学生心理危害的成因主要体现在以下两方面：第一，主观原因；第二，客观原因。

主观原因。在突发事件和外部环境都相同的情况下，每个大学生都会有不同的应对方式和心理承受能力。一些大学生就算遇到困难也不退缩，反而会迎着困难去克服它，在此过程中，不仅磨炼了意志，还获得了更好的自我发展。然而，还有一些大学生在遇到困难时，会产生怯懦的心理并选择逃避，此时的他们并不能做出正确的决定，致使他们一直沉浸在消极的情绪里，最终会造成很坏的后果。由此可见，主观原因是导致大学生心理危机的主要成因。而主观原因大致包括以下几种：第一，自我认知与思维模式差错。由于大学生尚未建立正确的人生观、社会观以及价值观，所以他们很难客观的评价自己，自我认知差且无法控制自己的情绪，一旦遇到挫折，就会陷入无止境的负面情绪里，一旦获得奖赏，就会出现自我崇拜的心理状态。除此之外，大学生也难以形成发散式的思维模式，在认识事物和分析问题时，他们往往只顾眼前利益，并不能把眼光放的长远；第二，个性缺陷。个性缺陷不仅与先天遗传因素有关，还受后天社会环境因素的影响。从目前来看，很多大学生既没有良好的人际关系，又缺乏丰富的生活经验，所以这些大学生很容易出现个性缺陷。不管是在生活上还是学习中，他们都没有较强的心理承受能力，一旦遇到困难，就会惊慌失措。甚至还有一些大学生难以适应校园生活，自闭心里很严重，这些大学生一旦受到刺激，就会丧失理智，伤害他人；第三，抗压能力差。由于大学生尚未完全的步入社会，所以他们还在憧憬着美好的未来与理想，向往着纯真的友谊与爱情，但是社会往往是残酷的，当真正步入社会之后，他们很难接受如此巨大的反差，适应的大学生会继续生存下去，而适应不了的大学生则会被社会淘汰。

客观原因。困难和挑战是大学生在日常生活与学习中无法避免的，若大学生不能及时解决这些困难和挑战，就很有可能引发心理危机。而这些困难和挑战主要来自以下几方面：第一，学习方面的压力。从目前来看，很多大学生都没有明确的学习目标，致使他们在学习中不思进取，最终导致学习成绩不够优越，又由于学习成绩直接影响着他们的未来，所以他们在学习方面会有一定的压力，久而久之就会造成心理危机；第二，人际交往方面的压力。集体宿舍生活对于一直被父母娇生惯养的大学生来说并不适应，大学生都有着各自不同的文化习俗和生活习惯，相处下来，必然会引起纷争。所以，他们在人际交往方面会有一定的压力，久而久之就会引发心理危机；第三，就业方面的压力。随着时代的进步，社会也对人才提出了更好的要求，不仅要求他们具备丰富的专业技能，还要求他们具有一定的综合素质，这就使得各大高校不断的革新就业制度，致使大学生的就业压力不断增大，久而久之就会产生心理危机。

三、大学生心理危机干预模式

对于大学生心理危机干预模式来说，主要包含以下几种：第一，认知模式；第二，平衡模式；第三，心理社会转变模式。具体分析如下：

认知模式。认知模式主要适用于大学生心理危机状态基本平复，使其逐渐接近于危机发生前的心理平衡状态。认知模式认为，大学生的心理健康之所以会受到心理危机事件的影响，就是因为大学生对心理危机事件进行了错误思考，而并非心理危机事件本身。

平衡模式。平衡模式主要适用于大学生心理刚刚发生的时期。平衡模式认为，发生心理危机的大学生，其心理状态本是较为平衡的，正是由于心理危机事件的来临打破了大学生的心理平衡，他们感到所要面对危险事件不能用以往的应对机制进行解决，最终导致他们出现严重的心理健康问题。

心理社会转变模式。心理社会转变模式认为，大学生在遗传天赋和社会环境的影响下，不仅具有自然属性，还具有一定的社会属性。由于大学生生活的社会环境会随着他们的成长而不断发生变化，所以大学生的心理危机既与内部困难有关，也与外部困难有关。除此之外，心理社会转变模式，不仅有利于解决大学生的心理健康问题，还有利于指导大学生的心理危机干预。

四、大学生心理危机干预对策

加强大学生的心理咨询工作。要想干预大学生的心理危机，就必须加强大学生的心理咨询工作，通过开展心理咨询工作，为大学生创造一个发泄情绪的平台；通过咨询师的不断引导，为大学生重拾信心奠定基础；通过构建完善的专业心理咨询辅导机制，为大学生提供专业的心理咨询服务。

构建心理危机信息反馈系统。要想建立健全心理危机信息反馈系统，高校就必须从以下几方面入手：一是构建心理危机处理的信息沟通制度；二是构建心理危机应急处理中的快速支援制度；三是构建心理危机预兆识别预警制度；四是构建心理危机干预机构值班制度。只有这样，才能及时掌握各种心理危机情况，从而有效抵御大学生的心理危机。

建设心理危机预防制度。首先，高校应该加大力度宣传大学生心理健康与心理危机知识，以此来帮助大学生提高应对心理危机的能力；其次，高校应该积极组织教师和辅导员参加相关的专题培训，以此来帮助教师和辅导员提高识别心理危机的能力，这对干预对策的有效实施来说是十分有利的。

营造良好的校园环境。一方面，高校应该定期开展各种各样的社会实践活动和校园文体活动，为大学生提供一个可以施展自身才华的平台；另一方面，高校还应该加大宣传力度，不断调动大学生的主观能动性，使大学生能够积极地参与到这些社会实践活动和校园文体活动中，让他们一直处于身心愉悦的状态，这对干预大学生的心理危机来说是很有帮助的。

总之，深入探索大学生心理健康问题与危机干预是尤为重要的。通过概述大学生心理健康与心理危机，大学生心理健康的现状，大学生心理危机的类型。分析大学生心理危机的成：主观原因，客观原因。探究大学生心理危机干预模式，认知模式，平衡模式，心理社会转变模式。并提出大学生心理危机干预对策，加强大学生的心理咨询工作，构建心理危机信息反馈系统，建设心理危机预防制度，营造良好的校园环境。只有这样，才能全面提高大学生的心理素质，从而促进大学生的健康成长。

第四节 我国大学生朋辈心理辅导研究

大学生朋辈心理辅导是我国大学生心理健康教育的积极探索。我国在其模式途径、效用评估、现状及其影响因素等方面的研究已取得阶段性成果。但从内涵发展、研究方法、研究类型等方面对我国大学生朋辈心理研究成果进行梳理分析,发现其定量研究少且质量不高;相关干预效果研究思路不够全面,研究方式单一,缺乏验证持续性作用的追踪研究和提供全面数据的现状差异调研,缺乏中外朋辈心理辅导效果的跨文化比较;朋辈心理辅导概念界定不清,缺乏全国性的规范化指导标准等问题,在研究方法、研究思想、研究理论上可不断改进,拓展研究空间。

从 2003 年华南农业大学组建的第一个朋辈心理辅导机构——"阳光加油站"到 2013 年中国人民大学与斯坦福大学合作建立的"桥"朋辈心理咨询课程,10 年间,我国高校开始逐步推进朋辈心理辅导工作,研究成果也逐渐丰富。本节以 2005-2015 年期间的《中国期刊全文数据库(CJFD)》的相关文献为依据,从朋辈心理辅导的内涵、研究方法、研究类型等方面,对我国高校朋辈心理研究的现状予以介绍和评价,并就未来研究方向进行展望。

一、朋辈心理辅导的概念及其发展

朋辈心理辅导(peer counseling)起源于 20 世纪 60 年代的美国。作为对备受压力的美国青少年的心理援助资源,美国精神卫生领域掀起了一场以朋辈咨询为主的非专业心理咨询变革,威兰德发表了朋辈心理咨询的首篇论文。1984 年,集聚全美 501 个朋辈心理咨询推广合作伙伴的"全美朋辈教育联合会"(the National Association of Peer Programs)成立了。在美国,朋辈心理辅导有很多名称,如朋辈心理咨询(peer counseling)、辅助性咨询(para counseling)、半专业咨询(Para-professional counseling)、朋辈帮助(peer helping)、同伴教育(peer education)等。美国学者对朋辈心理辅导的内涵界定主要强调提供专业培训、朋辈式支持与朋辈领袖示范。如马歇尔夫提出"朋辈心理咨询是非专业心理工作者经过选拔、培训和监督向寻求帮助的年龄相当的受助者,提供具有心理咨询功能的人际帮助的过程"。目前,朋辈心理辅导被广泛运用于全美校园,主要形式为朋辈电话和门诊咨询、朋辈调解(peer mediation)、朋辈伴读(peer tutoring or mentoring)、朋辈健康教育(peer health education)等。

20 世纪 70 年代中国港台地区的学校率先引入朋辈心理咨询范式。在台湾,朋辈辅导多被称为"同侪辅导"。庄涵认为:同侪辅导是半专业的助人者对其他学生提供倾听、同理与经验分享,以协助同学探索自我、适应环境,增进自我成长的一种咨询方式。90 年代起，香港高校利用"学友计划"、"友伴 fun 享计划"、"朋辈辅导训练课程"等方式推广朋辈支持和帮扶计划。台湾学者也进行了大量的学校朋辈心理咨询的实证研究，特别强调对朋辈辅导员的系统训练和评估。目前台湾地区 73% 的高校都已建立了朋辈心理咨询组织。与港台相比较，内地的朋辈辅导总体起步晚，发展快，尤其是在高校。最早有关朋辈心理的表述由陈国海提出，他认为朋辈心理咨询是在人际交往过程中人们互相给予心理安慰、鼓励、劝导和支持，提供一种具有心理咨询功能，可以理解为非专业心理工作者作为帮助者在从事一种类似于心理咨询的帮助活动。与美国的概念界定相比较，中国的概念界定更笼统、限制更少、更少强调专业培训、更多的思想政治教育的韵味。但结合国内外的研究来看，朋辈心理辅导都具有"同龄参与"、"自助助人"、"心理支持"、"半专业培训"的特点。

二、大学生朋辈心理辅导的研究

（一）研究方法

目前，我国对于大学生朋辈心理辅导的研究成果多为思辨的质性探讨，主要集中在对朋辈心理辅导的效用分析、模式探讨、实施途径等方面。大多数的学者认为朋辈心理辅导与专业心理咨询比较，具有自发义务性、亲情友谊性和简便有效性的优势，既能够缓解大学生心理咨询需求量大而高校专业咨询师少的困境，又是一条提高心理健康教育实效的捷径；也有学者提出朋辈心理辅导是增强大学生社会支持的新途径，对大学生心理危机干预有积极作用。针对朋辈心理辅导的模式和途径，一些学者提出了不同构想。有采用"心理咨询师—辅导员—朋辈组长—新生宿舍"的阶梯式分层心理互助模式进行大学新生入学适应教育；有提出建构宣传、熏陶、帮助、咨询、干预活动的五位一体的大学生公寓朋辈心理帮助体系；有提出开展互助式心理训练、互助式心理咨询、互助式心理辅导、互助式心理激励的立体化朋辈心理辅导模式。但是现有的研究更多的是对朋辈心理辅导的构想，提出的具体操作方式没有验证辅导之效果，研究质量不高。

2010 年后，更多学者开始用量化研究探索朋辈心理辅导在我国高校的应用，对其现状、作用、评估工具等方面都进行了一些实证研究。许多研究都用自编问卷对所在高校的朋辈心理工作进行了基础调研，收集到各地高校学生对朋辈心理工作的接纳度、各校朋辈心理工作开展的深度及广度、朋辈心理辅导员培训前后的角色认同和人格变化、接受朋辈心理辅导后的个体或集体的心理素质改变情况等数据资料。量化研究的增多推动了对朋辈心理相关工具的研究。葛缨验证了自编《大学生朋辈心理辅导调查问卷》的内容和结构，提出大学生朋辈心理辅导包含主观认知与客观资源两方面以及内涵理解、人员要求、辅导作用、辅导原则、客观资源、财力支持、人员支持、设施支持等维度；李云霞、曹玮依据朋辈辅导员的胜任力水平和培训需求编制了《高校朋辈心理辅导员胜任力问卷》和《基于胜任特征的高校朋辈辅导员培训需求问卷》；单云丽则以模糊评价法建立了朋辈辅导员绩效考核层次结构模型用来考核其工作效果。

（二）研究类型

综观文献，有关朋辈心理辅导的研究类型可以从内容取向和过程取向两个方面展开。内容取向的研究者主要以关注朋辈心理辅导的内容为主要导向，如形式、培训课程建设等问题；过程取向的研究者则关注朋辈心理辅导过程的现状、作用、评估及影响因素等问题。

1. 朋辈心理辅导形式的研究

由于结合了心理健康教育和思想政治教育的形式，朋辈心理辅导的形式丰富多样。但在文献中的称呼略有不同，如"内容"、"途径"、"方法"等。依据辅导群体的不同，分为朋辈个体心理辅导和朋辈团体心理辅导，多数学者认为团体形式更能体现朋辈辅导的便捷和有效性；依据辅导方式的不同，分为面谈和非面谈方式，其中非面谈方式包括网络心理辅导、热线咨询、书信辅导等，多数学者认为非面谈形式更利于展现大学生的真实感受从而找出问题的真正原因，同时，非面谈方式不受时空限制，隐蔽性强，而更受大学生欢迎；依据辅导载体的不同，又有社团、班级、寝室和楼栋等多种朋辈心理辅导平台，其中以班级心理委员开展的朋辈心理互助活动推广性最强、影响力最大。

2. 朋辈心理辅导课程的研究

一些研究针对朋辈辅导员的选拔、培养、管理提出了不同方案。例如，根据不同年级朋辈心理辅导员的成长水平，搭建"阶梯式多元化"朋辈心理辅导员训练平台；将案例教学法、团体心理辅导、素质拓展活动引入心理委员培训，从而提高心理委员培训的实效性与趣味性；设计基于朋辈辅导员胜任特征结构或者基于积极心理学理念和人本主义的培训课程；华南理工大学还开发了"教学在线"的朋辈心理咨询网络教学平台。

3. 朋辈心理辅导现状的研究

研究发现，不同地域的大学生朋辈心理辅导的发展水平是不同的，北京、长三角、华南开展时间较早，发展程度较好，但存在认同度高，了解度、参与度、满意度低的情况。例如，胡宇、成静、钟向阳分别对北京、南京、广州三地的高校朋辈心理工作进行问卷调查后发现，60%的同学认为增设心理委员有必要且整体素质优良，83%的同学认为朋辈心理辅导对其大学阶段的成长有一定帮助；但40%的心理委员不知具体操作而常被认为不作为，心理委员制度的危机干预作用受限。虽然心理委员工作积极性不高，工作的自我效能感较低，但对工作价值、人际关系满意度、自我的素质和个人能力提升满意度较高。同时，多数朋辈心理辅导员存在角色冲突困扰，主要因为学校与同学对其接受度和期望存在较大落差；由于缺乏朋辈辅导督导与评价体系，其持续成长需求与反馈需求也不能被满足。

4. 朋辈心理辅导效果的研究

随着各大高校开始开展朋辈心理辅导，研究者也逐渐开始关注朋辈心理辅导的实际效果和作用，该类研究主要集中在新生适应、危机干预、生涯规划等方面。例如吴素梅、侯玉婷、李虹岳等印证了朋辈心理辅导对大学生社交焦虑、自尊、异性交往、寝室关系等具有显著的效果，且影响力持续 3 个月以上；林静、朱美燕均发现朋辈心理辅导员在校园危机干预中具有重要作用，尤其是可以提供延伸帮助和危机干预后心理支持的作用。除此之外，朋辈心理辅导还有助于改善学习倦怠，提高毕业生的心理适应能力，在贫困大学生心理健康工作中也有所应用。

5．朋辈心理辅导角色的研究

过程取向的另一个视角是朋辈心理工作者。李云霞提出高校朋辈辅导员的胜任力由职业性格特质、人际沟通与协调、成就导向、职业态度和品质、自我成长的特质、广泛的相关知识和经验六个维度构成；来燕提出由自信心、人际沟通、自控力、影响力、概念性思考和专业知识 6 项特征组成的心理委员胜任模型，两人均在自建模型上编制了胜任特征问卷。龚琛琛发现心理委员的胜任力不足，尤其是助人特质最为欠缺。除此之外，一些研究发现朋辈心理辅导员在参与朋辈心理工作后其心理品质有所提升。经过训练后的朋辈心理辅导员在强迫、人际敏感、抑郁、焦虑、躯体化等方面的分数显著降低；人格特质中的乐群性、怀疑性、忧虑性、自律性、紧张性等因子均有显著性改变；自我认知与评价、人际交往、情绪调控、环境适应等能力均有提升；整个朋辈心理培训团队的团体气氛更好。

6．朋辈心理辅导影响因素的研究

影响大学生朋辈心理辅导的因素大体上可以分为个体因素和环境因素。个体因素指朋辈心理辅导员或咨询员的个人素质；环境因素包括学校的重视程度、接受辅导同学的态度、朋辈辅导工作的宣传力度等。

朋辈心理辅导员的人格特质、品德修养、专业素养、心理素质、工作态度等都会对朋辈心理辅导工作产生影响。其中，与对专业心理咨询工作者的专业知识要求存在一定差异的是 67.9% 的大学生最看重朋辈心理辅导员的个人品质，具有稳定性、乐群性、敏感性、自律性、有恒性分值较高而世故性较低的人格特质的个体更适合担任朋辈心理辅导员。此外，朋辈心理辅导员的自我认知、共情能力、辅导技巧经验也是朋辈心理工作效果的受限因素。但是，我国绝大多数高校的朋辈心理工作还处于初生阶段，工作难以获得学校在经费、场地、激励政策等方面的有效支持。研究发现，完备的专业培训、制度建设、充分的专业督导、适时的评价激励和充裕资金支持，都会有效提升大学生对朋辈心理工作的参与度与满意度。同时，对以学生身份承担助人责任的朋辈心理工作者提供有效督导，是对其工作效果持续提升的干预措施。但非常遗憾，目前我国朋辈辅导员督导体系建设的研究几乎为零。

三、不足与展望

我国大学生朋辈心理辅导还处于完善和发展阶段，虽然已经取得阶段性成果，但仍没有全面普及。高校的朋辈心理辅导既缺乏完备的体制保障又缺乏规范适用的培训、督导体系，相关研究在方法、思路、效果上均存在一些问题。

（一）研究方法

一方面，定量研究少且质量不高。当前我国朋辈心理研究还停留在理论构思和经验总结阶段。为数不多的定量研究中准实验设计多，真实验设计少且不规范。尤其是在朋辈心理辅导的实效研究中，由于影响因素众多，应该注意尽量排除时间、地点、个体差异等因素对朋辈心理辅导实验的干扰，真实确认接受辅导与未辅导同学之间的差异以及辅导前后的差异。另一方面，现有质性研究中缺乏统一范式和规范化工具。研究者多数采用自编问卷评估朋辈心理辅导的效果。随着质化研究的复兴、质化研究软件的成熟，高校朋辈心理辅导质化研究范式将成为新触角。另外，国外现已出现较为成熟的评估心理健康、幸福感等方面的行为实验测量方法，对朋辈心理辅导效果评估及朋辈辅导员培训效果评估的研究将提供新视角。因此，朋辈心理辅导未来的研究应在真实验设计基础上，探索更为有效的测评手段。

（二）研究思路

尽管目前有关朋辈心理辅导的作用评估研究较多，但主要集中在新生学校适应、社交焦虑等方面，干预效果的研究还需进一步完善。与其他类型心理辅导相比较，朋辈心理辅导的优势论证缺乏实证研究。依据朋辈心理辅导的行为干预原理，国内研究需要更多考虑辅导过程中朋辈示范、朋辈支持、自我预期的作用机制。同时，关于大学生朋辈心理辅导作用的研究范式单一。追踪研究较少因而无法确定其持续性作用；现状调研不全面，缺乏对各大高校现状差异的调研；缺乏对国内外朋辈心理辅导效果的跨文化研究。因此，我国高校朋辈心理辅导的研究思路还有很大的拓展空间。

（三）研究理论

综观国内研究文献，"朋辈"与"朋辈心理辅导"定义不清，朋辈成员构成混乱。国外研究强调朋辈心理工作者必须是经过严格选拔和培训的同龄人，但我国高校对朋辈心理辅导员的选拔培训并无统一标准，一些研究更将心理社团成员或班级心理委员等同于朋辈心理辅导员。未经专业培训的心理委员和社团成员在以朋辈心理辅导员身份工作时，不但辅导效果受影响，自身也会因此产生困扰冲突。另外，"朋辈心理辅导"与"朋辈心理活动"、"朋辈心理咨询"的概念界定不清。国内"朋辈心理辅导"大多将"活动""咨询"囊括其中，但国外的"朋辈心理辅导"专指有准专业指导性的朋辈咨询。因此，界定好核心概念对于国内的朋辈心理研究来说十分重要。除此之外，国内各高校朋辈心理工作质量参差不齐，主要原因是我国没有规范、统一的朋辈心理工作标准，朋辈心理工作缺乏校际合作。"全美朋辈教育联合会"早在2002年就对美国朋辈心理咨询的项目启动、项目实施、项目维护进行了标准化规范和指导。因此，我国有必要通过开展校际交流合作来提高朋辈心理工作的规范化和实施的深度广度。

第五节 贫困大学生心理健康服务的意义、问题

当前，我国社会快速发展和进步的过程，国家的经济和科技水平得到了良好的提升，在这样的背景下，人们逐渐开始意识到，校园教育工作在开展的过程中，不仅仅需要关注学生的成绩，也需要关注到学生的心理状况。特别是大学校园内部，由于学生本身的思想意识和水平已经有所提高，所以在心理上更容易出现偏差的现象。本节针对校园内部贫困大学生心理健康的服务工作开展情况进行分析，了解其中存在的问题，找到科学合理的解决对策，希望能够有效解决贫困大学生心理健康问题，提高服务的整体质量，为我国输送更多健康有用的人才。

心理健康的服务能够对一个人的全面发展有所关注，能够解决人们心理上的问题，所以也能够看出，心理健康的服务对于贫困的大学生来说，有着非常重要的意义。但是，当前我国社会中所开展的心理健康服务，对于贫困的大学生来说，还存在着一系列的问题。本节就此提出了相关的解决对策，希望能够发挥出心理健康服务的优势和作用，加大贫困的大学生心理健康教育工作关注力度，实现学生个人的健康成长，以及社会内部的稳定发展。

一、贫困大学生心理健康服务的意义

在一个人成长和发展的过程中，心理的健康是人类生活和生存最为基本的需求，心理的状态直接影响一个人的行为举止，甚至会影响一个人的反应程度和情绪等各方面的情况，因此，关注心理健康至关重要。当前我国高校贫困学生数量较多，造成贫困的大学生主要原因就是，家庭背景、生活环境等各方面因素的影响，学生的经济水平无法与当前平均水平相互平衡，导致部分大学生生活比较困难，甚至需要贫困补助，或者是勤工俭学。据调查，贫困的大学生处于人格发展理论中，在这一时期，大学生身体上各项机能，以及生理的能力都已经达到最佳状态，并且逐渐在向着成熟的方向所发展，但是其心理状态，并没有达到成熟和稳定的水平。所以这一阶段相对比较贫困的大学生，其心理和智力并未真正的成熟，所具有的社会经验比较少，还处于校园到社会一个过渡的阶段，也是身体和心理发生急剧变化的时期。这一阶段是人生重要的转折点，贫困的大学生会面临着各种各样心理上的困惑和冲突，如果不能够及时地解决这些问题，会严重地影响学生身心的健康发展。

二、贫困大学生心理健康服务的问题

（一）缺乏经费支持，服务机构不规范

我国高校内部心理健康的相关服务机构及整个的建设工作，主要呈现出一种隶属的关

系，所需要使用的设备条件、师资力量，在当前的校园教学工作开展过程中，并没有给予一个相对统一的规范，甚至很多高校没有独立的，对学生进行心理辅导和服务的机构，所以这种隶属关系也呈现出一个比较复杂的状况。甚至有些心理健康服务机构，在高校内部隶属于学工部门，也有的隶属于校园内部的医院部门，在名称的称呼上，每个高校内部对于心理健康服务机构，都提供了不一样的名称。有些校园内部叫大学生发展研究中心，或者是指导中心，也有的是叫健康心理教育中心，还有的是心理咨询和心理辅导室等。有些高校内部虽然其物质的条件相对是比较充足的，但是总体上来看，大部分的服务机构在硬件设施上并不够完善，所能够为学生提供接受心理健康指导的场所比较狭窄，师资力量不足，这也严重影响整个教育活动的顺利开展。造成这种情况主要的原因是缺乏经费的支持，导致整个活动没有专项的经费，所以在教育服务工作开展会受到限制，最终影响整个心理健康教育工作的质量和效果。

（二）宣传教育不够，对心理健康缺乏认识

长久以来，在高校内部受到传统教学思想理念的影响，认为只要能够提高学生的学习成绩，保证学生在未来的工作岗位上能够发光发热，就达到了高校内部教育工作的最终目的。特别是面对一些贫困学生来说，教师认为学生只要能够拿出学费，进入校园的目的就是为了自己在未来的工作岗位上能够获取更高的收益，所以教师在高校内部教学工作，仅仅停留在对学生进行知识的指导上，完全忽略学生心理教育工作的开展，这也导致整个心理健康服务工作的宣传力度不足，受到传统思想观念的束缚。在心理健康服务对象任务和具体工作开展方法上，思想观念薄弱，甚至很多高校内部认为，只有存在着心理疾病的学生，才需要接受心理的治疗，这也会造成一些贫困的大学生产生顾虑，害怕别人认为自己心理上有问题，遭受到其他同学或者老师异样的目光，从而不敢踏入心理咨询工作室。这种对于健康服务缺乏认知的情况，一方面，导致贫困的大学生对自己当前所存在心理问题有着忽视的现象；另一方面，导致教师和校领导并不关心心理健康的服务工作，影响学生正常接受服务的机会，也阻碍了学生的良好成长。

（三）缺乏专业的服务人员

心理健康服务工作属于一门具有比较专业性的服务工作内容，在整个工作开展的过程中，要有专业的人员给予支持，保证能够真正地渗透专业的思想理念，顺利地开展心理健康服务的工作，才能够达到教育工作最终的目标。但是，由于当前我国高校内部，对于心理健康服务专业的人员还相对比较缺乏，影响了这一工作的顺利开展和实施。据调查，国外对于心理的健康服务人员提出非常高的要求，不仅仅需要在从业的资格方面进行考核，更是需要了解到整个工作人员的素质和水平，只有达到相关的标准，才能够从事这一工作。

我国高校内部目前对于心理健康服务，所担任教育工作，或者是健康指导的人员，大多数都是非专业的工作人员，甚至不是专业的心理教师，也不是专业的心理辅导医生，大部分的工作都由校园内部的辅导员，以及其他的工作人员充当心理辅导的老师。高校内部

整个工作量相对较大，还需要身兼数职对学生进行心理上的辅导，这也导致很多老师并不能够真正的掌握每个学生心理发展的动态，甚至会发生角色的混淆，这种服务工作开展相对比较盲目，整体的质量和效果甚至会适得其反。

三、贫困大学生心理健康服务工作的开展对策

（一）加大经费投入，规范心理服务机构

要想真正科学有效地对高校大学生进行教育和引导，了解到贫困的大学生当前的心理状态，有针对性的对心理健康的服务工作进行改善，高校内部也需要真正的关注到心理健康这一服务工作站在具体监理工作中所需要的相关资金和经费。在对经费进行投入上，需要适当地倾斜，尽可能地把一些资金融入心理健康的工作之中，这样才能够真正地通过对当前学生对于心理健康教育需求的情况，建立起一套相对比较完善的，能够对学生进行心理服务的具体工作开展模式。校园内部也需要加强对一些硬件的基础设施的投入力度，可以是宣泄室、沙盘室，还有测试的教室等，这些教室对于贫困学生来说，可以在校园内部享受到心理健康的指导工作，也能够让学生在校园内部真正的接收到最为专业的指导。

与此同时，配备专业的心理辅导，这样才能够发挥出这一平台的作用，能够真正地为高校内部贫困的大学生，提供科学有效的心理咨询，为其心理健康的发展营造出最佳的环境，使其能够拥有宣泄的对象和倾诉的地方，这样就能够有效地解决学生心理上存在的问题。

（二）加强宣传教育力度，提高服务认识

对于高校内部贫困学生来说，心理健康服务工作在认知上还存在着一系列的误区，这也是其中需要改善的非常重要的一项内容。只有大学生能够直面心理健康服务工作，才能够顺利地参与其中，有效地解决自己心理上的问题。所以面对贫困的大学生，对相关心理健康教育基本知识不够了解的情况，还需要有针对性地对其进行引导，避免大学生出现自己心理存在问题，不懂得如何预防调节和治疗的现象。也要求贫困的大学生能够深入到心理服务工作之中，参与自己心理状态改善的过程，这样才能够使大学生在喜闻乐见的形式和环境下，真正的接受心理健康辅导。

例如：高校内部可以结合使用微博、微信等各种宣传的网络服务平台，把心理健康的宣传工作和教育，融入大学生实际生活，使贫困大学生能够感受到润物细无声的心理教育工作作用。同时，心理辅导的教师也需要严格遵循自己的职业道德，保证能够对来访者的信息进行保密，使贫困大学生能够真正地接受心理教育工作，提高自己的整体状态和情绪。

（三）加强人才队伍建设，保证服务质量

在高校内部开展心理健康服务工作，还需要能够把这一门服务内容与多学科进行联系。心理健康指导，本身就属于一门具有综合性特点的学科，其中需要关注到的，最关键的人

员就是心理辅导教师这个角色,还要求教师的专业素质和技能的整体水平能够得到提升,保证教师能够站在最专业的角度,对学生进行健康教育工作的指引。同时,保证整个服务工作的效果和质量能够得以提升。因此,高校需要引进大量专业的心理辅导教师,在工作过程中,设置奖惩机制,留住资深教师。加大对这方面人员的培养,定期地组织相关人员接受学习和培训工作,形成科学合理的考核制度,提高老师在理论知识和实践操作方面所拥有的技能充分的发挥。心理辅导教师在教育人和引导心理方面所具有的优势,对贫困大学生给予足够的人文关怀,进而提高其在校园中生活的积极性和综合的素质能力。

综上所述,综观我国高校大学生的学习具体开展状况能够了解到,我国高校对于大学生的教育和引导,比较关注的是学生的技能和知识掌握情况,很大程度上忽略心理健康问题。所以本节重点探讨心理健康服务,在贫困大学生心理引导上所起到的作用,并且针对其中存在的问题,提出解决对策,希望能够发挥出心理健康服务的优势,为贫困的大学生心理问题改善提供最佳的支持。

第六节 同性恋大学生的心理健康教育问题

近年来,同性恋大学生的心理健康问题一直备受关注。处于校园边缘地位的他们,受自身和外界多重压力的困扰,从而产生不同程度的心理问题,这不仅阻碍了他们的健康发展,甚至还会引发自残、伤人等极端校园恶性事件。因此,加强同性恋大学生的心理健康教育显得尤为重要。本文论述了社会对同性恋的认知和态度,分析我国同性恋大学生的生存现状,就高校加强同性恋大学生的心理健康教育提出对策与建议。

随着科技发展、社会进步以及人们认知水平的提高,同性恋已逐渐被大众理解并接受,不再认为这是精神病和犯罪,亦无关道德,但同性恋者仍旧是社会弱势群体,还急需社会的关心和帮助。在同性恋群体中的大学生,一方面要面对来自家庭、学校、社会、心理等方面的诸多困扰,另一方面时常会受到在同性恋人情感关系中带来的伤害,思想不够成熟的他们容易产生自残、伤人等行为,对此,高校应加强同性恋大学生的心理健康教育,正确科学地进行宣传与引导,为同性恋大学生营造和谐的校园环境。

一、同性恋的定义

同性恋是指一个人在性爱、心理、情感上的兴趣主要对象均为同性别的人,无论这样的兴趣是否从外显行为中表露出来。那些与同性产生爱情、性欲或恋慕的人被称为同性恋者。同性恋(homosexuality)这个词是由一名德国医生 Benkert 于 1869 年创造的。这个词描述的是对异性人士不能做出性反应,却被自己同性别的人所吸引。

二、我国社会对同性恋的认知和态度

社会对同性恋的认知和态度的发展历程。同性恋现象在我国古代史籍内存在着大量记载。早在商朝，就有"比顽童"一词出现，随后有弥子瑕与卫灵公"分桃而食"、龙阳君为魏王"拂席而枕"、汉哀帝惜董贤"断袖而起"等典故，宋、明、清等史书也对当时同性之风大兴有许多相关记载，如《宋书·五行志》中提到，"……男风大兴，炽于女色，士大夫莫不尚之，天下咸相仿效……"等。由此均可看出，中国传统社会对于同性恋行为是宽容的，且由于我国古代社会的家庭重生育不重感情，同性恋并不影响家族繁衍和家庭结构，所以没有受到太多道德苛责。

到了近代，我国社会对同性恋群体的态度发生转变，出现不理解甚至是敌对的情况。其中"文化大革命"时期极具代表性，在这期间，凡是被揭露出来的同性恋者，都受到了严酷的待遇，轻者批判审查，重者殴打致死。随后社会对同性恋的歧视观念持续加深，我国司法机关在1987年甚至曾就同性恋的法律地位做出申明："由于同性恋违反社会公德，扰乱社会治安，影响青少年身心健康，确属犯罪行为。"同性恋者在那时受到了极大的争议和不公平的对待。

时至今日，同性恋已不被我国的学术机构或组织认定为是疾病和心理异常，社会舆论也越来越理性、宽容，但并不是每个人都能够真正理解同性恋的心理，仍有一些群体和个人对同性恋抱有偏见和歧视，同性恋的生存环境还有待改善。

我国当代大学生对同性恋的认知和态度。据近期一份在大学生中进行的调查研究报告显示，所有被调查者都知道同性恋，但能正确理解同性恋含义的人占41.5%，不太明白同性恋含义的人占27.0%，认为"容易对同性产生好感、喜欢与同性亲近的就是同性恋"的人占31.5%。另外，有89.3%的同学希望进一步了解同性恋相关知识。从总体上看，知识水平层次较高的大学生，对于同性恋的态度普遍是理性积极的，且女大学生比男大学生态度要更为宽容，理科大学生对同性恋的认知情况也明显好于文科、工科的大学生。

三、我国同性恋大学生的生存现状

如今的大学校园，思想较为活跃开放，有不少同性恋学生已勇敢"出柜"（指同性恋者和双性恋者公开性取向，以及跨性别者当众公开自己的性别认同），但更大一部分的同性恋学生则选择隐藏在现实生活中，在虚拟的网络平台上释放天性。同性恋论坛、QQ、微信，以及Blued、赞客(Zank)等针对同性恋群体开发的社交应用软件成为同性恋大学生群体互动的最主要平台，他们在网络上公开自己的性取向，以此向现实社会做试探。而在实际生活中，他们仍面临着各方面的压力，承受着这个非主流身份带来的困扰。

同性恋大学生对自我身份的认同。自我身份的认同，归根结底是在回答"我是谁"？性社会学家李银河曾推测，中国的同性恋者占成年人口的3%～4%，而同性恋者明确自己身份的一个最重要时期是在大学。据调查统计，同性恋大学生对自己的身份普遍存在以下几种观点：有的认为同性恋是罪恶，内心上有犯罪感和负疚感，希望能改正自己的不良倾向；有的认为同性恋是病，他们渴望通过心理咨询或医学治疗来恢复健康；有的认为同性恋和异性恋一样，是自然正常的性取向，他们接受并认同自己的身份，有些甚至敢于公开。

由于大学生的知识水平层次较高，对于同性恋的认识也较为全面，因此大多数持有的是第三种观点，即大学生同性恋者拥有高度的自我认同。但即便如此，他们依旧从内心恐惧暴露自己的身份，采取自闭消极的方式对抗，同时，又对同性恋群体能彻底被主流文化接受抱有希望，渴望得到同学、老师、家人、朋友乃至社会的理解和支持，这种矛盾冲突使得他们表现出隐秘、消极、不信任和割裂式自我认同等特征。

同性恋大学生面临的各种外界压力。同性恋大学生们的生活表面看似平静，但他们大多数人在承受自身的心理负担外，还面临着来自家庭、学校、社会等环境的各种压力。他们害怕辜负父母的期望，恐惧来自身边群体的歧视，更因尚不宽容、开放的社会环境而对自己的未来感到彷徨迷惘，自卑、自嘲、自病和自弱，日积月累，心理健康状况令人担忧。

有调查报告显示，同性恋大学生在日常学习、人际交往、社会工作、参与活动以及毕业就业等方面均表现不佳，存在诸多困难。这说明许多同性恋大学生因承受周遭环境的压力，缺乏良好的心理健康状态，不能把精力更好地投入于学习和生活中，导致成绩落后、生活脱节和就业困难等。

四、高校加强同性恋大学生心理健康教育的对策

在当今社会仍较不认可同性恋的大环境下，同性恋大学生的身心健康发展均不被重视，使得原本处于边缘化的他们更容易走向极端，给校园和社会带来不良影响。为此，高校应注重对同性恋大学生的关怀和教育，为他们营造健康和谐的生存空间。

高度重视大学生同性恋问题。大学阶段是同性恋者发生身份认同的集中期，相比于社会上的同性恋，当前大学生同性恋群体的生存状态更值得被关注。高校作为同性恋大学生学习生活的主要场所，在教育管理中应高度重视该群体，不止流于形式，要真正做到时常给予人文关怀，提供及时、有效的帮助和服务，促进他们健康地成长、成才，从而保障高校校园的和谐与稳定。

营造宽松、和谐的校园文化环境。研究发现，同性恋者的心理失衡多是由环境原因造成，尤其是来自周围人群和社会舆论的压力。开放宽容的校园氛围对同性恋大学生保持良好的心理健康状态有极其重要的作用。高校应加强大学生性健康教育，传递科学的同性恋知识，帮助大学生获得正确的认知，理性地探索和接受自己的性取向，学会尊重不同于己的人群，也防止个别学生因赶时髦而尝试同性恋。同时，同性恋知识的普及也应面向高校教育工作者，以减少来自师长和同辈的偏见、歧视甚至伤害。另外，由于同性恋群体是性

病、艾滋病的高发人群，高校应重视生理卫生和疾病预防知识的宣传，树立同性恋大学生的自我保护意识，减少因无知带来的伤害。此外，高校还可借助于互联网媒体发布一些正面积极的内容，对不健康的内容进行肃清，营造一个宽松文明的舆论环境，帮助同性恋大学生树立自信，以更好的状态投入到学习生活中。

加强心理健康教育与辅导服务。高校思政辅导员作为大学生教育管理的一线工作者，首先，对同性恋学生要有客观正确的评价，在接触中保持尊重、真诚、公正的态度；通过日常观察、心理普查、聊天访谈等方式尽可能了解所带学生中同性恋者的情况，对该部分学生积极关注，时常关心，以缓解他们的心理压力，在发现他们陷入困境时，有针对性地实施心理辅导，提供帮助。

另外，高校大多设有心理咨询室，但许多学生对心理咨询的误解使得心理咨询室未能发挥应有作用，对于同性恋学生更是如此。因此，高校应强化心理健康中心职能的宣传，加大普及力度，让同性恋大学生在遇到挫折或压力过大时能主动寻求心理咨询等帮助，以缓解负面情绪，重建自信，融入大学校园生活，为他们走向社会奠定良好基础。

建立系统、高效的危机干预体制。目前，同性恋大学生一直承受着自身心理和外部环境带来的压力，容易产生抑郁、焦虑和痛苦等不良情绪，另外，还存在因缺乏稳定的恋爱关系而造成突发性情感受挫等可能。这些情况如果没有及时进行有效的纠正和干预，极易引发高危隐患，甚至出现自残和伤人的恶性事件。因此，高校在利用专业心理咨询服务实施干预的同时，也应健全及时、高效的危机干预网络，综合预防同性恋大学生心理危机事件的发生。

促成已公开身份学生家庭的配合教育。任何教育，都离不开家庭的支持与配合。目前，少部分同性恋大学生尝试向父母公开了自己的性取向，以缓解部分心理压力，但事实上大多得不到家庭的尊重与支持，生存状况反而更加恶劣。针对这一部分学生家庭，高校应在可行范围内积极与之沟通，帮助家长正确认识同性恋，引导家长接受孩子的性取向，重塑家长对孩子的信心，促使其与学校积极配合，共同做好教育工作。

今天，中国社会已经开始接受同性恋的存在，也不断有公众人物表明了他们的同性恋身份，并获得社会尊重。鉴于此，作为高校思想政治教育工作者，更应该关注身边的同性恋学生群体，呵护他们的秘密花园，为他们的成长保驾护航，让他们在一个相对宽松的环境里，更专注于自身文化知识水平和职业技能水平的提高，塑造一个更精彩的人生。

第二章 新时期大学生心理危机

第一节 大学生心理危机研判

运用创伤理论从更加宏观的角度分析大学生心理问题产生的原因,并在此基础上探讨大学生心理危机干预面临的现实困境。大学生心理危机有其普遍的发展规律,从"全方面""全动员""全赋能""全方位"四个维度构建完善的大学生心理危机干预机制,并关注大学生心理危机后的自我重建与升华。

一、研究背景与工具

(一)研究背景

大学生心理健康教育是高校思想政治教育工作的重要组成部分。提高大学生心理健康素质,增强学生承受挫折、经受考验的能力不仅有利于学生的身心健康发展,也有利于高校的安全稳定。受到当前政治经济、成长环境、社会思潮等各方面因素的负面影响,大学生心理健康受到严峻威胁。据调查,在我国的大学生群体中,约有16%~25.4%的学生患有心理障碍,主要表现为焦虑、恐惧、抑郁等。近年来,高校心理危机事件频频发生,大学生的心理问题也呈现出多样化和复杂化的趋势,建立完善大学生心理危机研判与干预工作机制受到各高校的普遍重视,教育部相继出台《教育部关于加强普通高等学校大学生心理健康教育工作的意见》、《普通高等学校大学生心理健康教育工作实施纲要(试行)》等文件,这些文件明确表明大学生心理健康教育工作的重要性,也为高校开展大学生心理健康教育提供了依据与思路。

然而,在当前我国高等教育普及阶段,大学生数量庞大、素质参差不齐、教育资源匮乏等问题都给高校心理危机干预工作带来了很大的挑战。当前的大学生心理危机干预机制虽然在处理心理危机行为降低危机影响等方面有一定的作用与效果,但所有这些干预手段都是在爆发心理危机事件之后采取的,具有一定的滞后性。而处理心理危机或者说心理问题的最佳处理时期应该在萌芽阶段,心理问题的预防与预判相比之下就显得更为重要。在创伤理论的指导下,探讨大学生心理问题发生的原因、表现特征,从而有利于更好地研判与预防学生的心理问题,并在一定程度上降低心理危机爆发的影响力。此外,创伤理论还强调创伤后的自我重建,为大学生心理危机后的成长以及高校心理帮扶育人提供了思路。

(二)研究工具——创伤理论

"创伤"(Trauma)起源于希腊语,最初的含义是外力对身体造成的物理性伤害。可见,人们关于创伤最初的研究,集中在外部身体方面。19世纪下半叶,在结合维多利亚时期与工伤有关的临床医学和19世纪末的现代心理学后,创伤的研究开始转向人的心理方面。在这方面做出卓越贡献的是弗洛伊德的心理分析学。弗洛伊德认为,"一种经验如果在一个很短暂的时期内,使心灵受到一种最高度的刺激,以致不能用正常的方法谋求适应,从而使心灵有效能力的分配受到永久的扰乱,我们便称这种经验为创伤"。另外,弗洛伊德还提出创伤具有"延迟"和"重复"的特征,为后来的创伤理论研究奠定了基础。

1. 创伤体验的普遍性

受到特定时期的社会背景、政治、经济、文化等诸多因素的影响,生活在同一个历史时期的人都具有普遍的一种创伤体验,这种创伤体验是时代的产物,成为一种集体无意识沉淀在每一个人心里。比如在抗战时期,战争与死亡就构成了那个年代人们普遍的创伤体验;在"文革"时期,政治乱斗是当时人们普遍的创伤体验;到了20世纪90年代,独生子女成长的孤独就成了当时人们普遍的创伤体验。因此,创伤体验是具有普遍性的特征。

2. 创伤体验的延迟性

创伤研究者认为:与时间的距离过近,或过远都无法再现创伤事件,某一个创伤事件会在人的心理上表现出"滞后性"或"延迟性"。换言之,具体创伤事件给人的创伤体验可能具有一定的潜伏期,在这个潜伏期内,经历心理创伤的人可能跟常人并无差异,仿佛那段创伤经历早已被遗忘。但是,一旦受到某种外界的刺激,这种创伤体验就会被激活,从而给身心健康带来了严重的侵害。

3. 创伤体验的反复性

创伤研究者凯西·卡露丝指出:(创伤)病理学仅仅存在于经验结构或感受,(创伤)事件在当时不会被充分吸收或体验,而是被延迟并反复地侵害受创主体。遭遇心理创伤之后,创伤事件的负面影响会不断地侵袭心理创伤主体,以噩梦、幻觉、回闪等形式不断浮现,使其不断回到创伤情景,反刍心理创伤的记忆。长此以往,创伤记忆会不断被累加,创伤的体验感不断得到固化加强,从而导致严重的心理危机。

二、创伤理论下大学生心理危机干预的困境分析

心理危机干预是指采取紧急措施帮助当事人解除十分紧迫的心理危机,使其症状得到缓解,甚至消失,心理恢复平和的过程。危机干预主要通过预防教育、早期预警、重在干预、后期跟踪等方式进行。大学生心理危机干预是一项系统的工程,不仅涉及面广、难度大,而且具有一定的危险性。虽然大学生危机干预已经受到广泛重视,从教育部开始,各级教育管理部门都出台了相应的政策文件进行部署指导,各高校也都在危机干预方面积累

了一定的经验，但是由于主客观因素的复杂性，当前大学生危机干预依然面临重重困境。

（一）危机重重——趋同时代背景下，心理问题的普遍性

目前在校大学生大多是"95后"。从2018年开始，2000年后出生的学生也大规模进入大学学习。大学生中有相当一部分是独生子女，很多来自农村的学生有留守经历，他们是伴随中国经济迅猛发展而成长起来的一代，也是在互联网络全方位包裹下成长起来的一代。成长在这种时代背景下的大学生，相比父辈，虽然在物质生活条件上得到了极大的满足，却具有承受挫折能力差、依赖心理强、以自我为中心等心理行为。当他们进入大学校园后，来到一个新环境，面临角色转换，有相当一部分大学生会出现适应不良等问题，表现出焦虑、迷茫、社交障碍等一系列连锁反应，从而产生一连串的心理问题。中国的高等教育发展到今天，已经顺利完成从精英教育到大众教育的转向，据不完全统计，我国当前在校大学生的数量将近4000万人，面对严峻的就业前景，复杂的职业市场，有相当一部分大学生会有前途无望、希望渺茫等无力感，在巨大的竞争压力中产生心理问题。在以应试教育为主导的教育体系中，学校和家庭大多只关注学生的成绩，而忽视对其心理状态的关注和人际交往技能的培养，缺少对学生心理素质的锻炼与提升。在这样的时代背景之下，大学生心理问题是具有普遍性的，小到考前焦虑，大到抑郁症，如果不进行及时介入，有效干预，就有可能爆发严重的心理危机。

（二）危机四伏——多重认知偏差下，心理问题的隐蔽性

相比身体方面的病痛，人们更容易忽视心理方面的问题，因为身体方面的疾病是有形的，具象的，而心理方面的疾病就相对抽象很多。在创伤理论看来，许多心理方面的创伤具有延迟性的特点，很多心理问题发生的根本原因可能要追溯到当事人幼年、甚至更早的时期。在这样的情况下，很多患有心理疾病，或者有心理障碍的学生可能就很难及时觉察到自己的心理问题，更不用谈去反思其中的原因，直到心理问题发展到一定阶段，爆发出严重的心理危机时，才被人发现，实际上已经延误了最佳的治疗时机。同时，由于担心孩子在学校会受到歧视，或者承受不必要的舆论压力，很多家长会刻意隐瞒孩子患有心理疾病的病史，甚至有些家长在得知孩子已经出现异常行为的情况下，仍然拒绝接受、甚至否认孩子心理异常的现实。由于受到传统观念的负面影响，很多家长不能够正确理解和看待孩子的心理问题，其中有不少家长认为孩子的心理问题是孩子不坚强、矫情的表现，这种认知方式在很大程度上恶化了当事人的心理问题。最终，由于对心理问题的认知错误，心理问题常常被"妖魔化"，不仅当事人会有这种认知偏差，旁观者同样也会有这种认知上的错误，把心理问题与"精神病""疯癫"等画上等号，这些认知偏差会给当事人造成很大的压力，不仅会阻碍其寻求援助，更会加重他们的心理负担，引发次生的心理问题。由此可见，多方面的认知偏差是心理问题隐蔽性的主要原因，这在很大程度上降低了心理危机干预的及时性和有效性。

(三)危机迭起——多元因素影响下,心理问题的反复性

心理问题的发生有其复杂的内在原因,还有多种多样外在的诱发因素。从某种意义上说,某些严重的心理问题是无法根治的,比如抑郁症、精神分裂等,只能去控制,避免负性事件的影响,防止心理问题的复发。而在学校中,诸如情感困扰、人际关系、学业困难、就业及升学压力无一不是负性事件,由于心理尚未成熟,在面对这些负性事件时,很多大学生不能正确地去面对处理,容易产生思想上的矛盾与冲突,引发心理危机。由于心理问题错综复杂的致因与个性化的因素,心理问题在矫治上具有很大的难度,很多情况下大学生的心理问题在短时间内很难得到有效、有针对性的救治。如此反复之后,有一部分大学生可能就会对心理治疗感到失望,甚至扩大到人生的无望感。很多心理问题产生的原因是在潜意识层面的,就像冰山下层一般无从窥探,在没有正确引导前提下,当事人以及专业的心理咨询人士都无法察觉,而这种根深蒂固的心理问题,一旦遇到应激事件,可能就会爆发出来,造成反复性的心灵上的折磨。心理问题的反复性给危机干预造成了很大的困难与挑战,不仅给当事人带来持久的身心折磨,对危机干预者来说也是一场持久战。

三、创伤理论下大学生心理危机干预的路径提升

根据创伤理论的观点,心理创伤具有普遍性、延迟性和反复性的特点,这些特点决定了心理危机干预不是一蹴而就的工作,而是系统性、长久性的工程。同样,大学生的心理问题也不是一朝一夕就形成的,而是经过长久的积累,加上外在因素的诱导而产生的,其背后既有历史原因,也有现实原因。做好心理危机干预不仅要求干预者有很强的信息收集和总结能力,能够全面认识并且分析心理问题产生的原因,还要求其具有较强的预判能力,不仅能够准确鉴别、觉察严重心理问题学生,而且能预估整个危机干预的效果,这些对心理危机干预来说是一个很严峻的挑战。

(一)全方面——覆盖学生心理信息动态档案

在新生入学之初,通过查档、心理健康普查、谈心谈话、侧面了解等方式建立学生初始心理信息档案。在档案完善和更新过程中,要特别注意以下几类学生,做好重点标注:心理健康普查中有严重预警指标的学生,特别是普查中有抑郁倾向或者有自杀轻生念头的学生;查档中发现家族具有遗传精神病史,或者家长有过自杀行为的学生;患有严重失眠症、情绪持续低落、性格孤僻的学生;身患重大疾病,或者残疾的学生;学业预警,多门考试挂科,或者在考试中作弊受到处分的学生;遭受重大变故,比如亲人去世、家里破产等情况;家庭不完整,包括单亲、离异、重组家庭的学生。以上这几类学生是潜在发生心理危机的高危群体,必须时时关注,做好这几类学生心理动态信息的收集与更新,做好及时地调整与补充,可以充分反映学生的心理变化,有助于全面掌握学生近期的心理变化,及时发现一些苗头性、倾向性的问题。同时,完善学生心理动态的心理健康档案也有利于提高心理危机干预的准确性和针对性,是进行心理危机干预的最基本要求。因此,及时、全面、

有针对性地建立健全学生动态的心理健康档案不仅是做好心理危机干预的首要要求，更是基本的前提条件。

（二）全动员——建立"四方联动"干预机制

建立"学校—家庭—医院—社会"四方联动的危机干预机制，建立多维度的心理支持体系。心理学家强调在心理危机干预中，实现学校为主，家庭配合、社会参与的多方面支持体系，能够为学生成长成才提供重要的保障。心理危机干预是一项系统的工程，不是一己之力可以完成的，需要多方的支持与配合才有可能达到预期的效果。学校是大学生活动的主要场所，也是各种人际关系、人际交往发生的平台，学校也承担着心理常识普及，以及基本的心理问题咨询与疏导工作；家庭在学生的心理危机干预中有着不可替代的作用，相当一部分学生的心理问题的症结或者说根源在于家庭或者说父母的关系，有效的危机干预必须发挥家庭的力量，家庭的配合与支持是危机干预能够取得预期效果的重要保障；医院是心理咨询与治疗的重要场所，当心理问题发展到一定阶段，超出学校心理咨询中心所能够干预的范围时，必须及时转介专业的心理治疗与咨询医院，接受专业医生的治疗与咨询；社会支持系统的影响也是不可取代的，整个社会应该要提高对心理问题大学生的包容度，理性看待心理问题的现象，以正面的鼓励、引导社会舆论走向，避免媒体报道、新闻宣传做噱头，大肆渲染，给心理问题的大学生造成舆论压力。

（三）全赋能——提升心理危机干预者的专业技能

现阶段来看，针对学生工作队伍的危机干预培训还不够，心理危机干预机制还有待完善。在面对心理危机事件时，绝大多数学生教育工作者依旧凭借经验或者根据前辈的经验进行，对于一般的心理危机事件，可能这一套思路仍然奏效。但是在新的形势下面对新时代的学生，如果仍然采取旧的方法可能就会有问题。因此，提升学生工作队伍专业的心理危机干预技能，参加定期的培训与学习是非常有必要的。一方面，大部分教育工作者并非心理学专业出身，在鉴别、帮扶心理问题学生时，不能够从专业角度进行，从而导致学生的心理问题无法得到及时有效地疏导与排解，甚至会延误最佳的心理危机干预时期；另一方面，作为学生思想教育工作的第一线人员，学生工作队伍在处理学生心理问题又具有其他专业人士所不具备的优势，加强他们心理方面的专业技能不仅有助于提高思想教育工作的效果，还有利于增强学生工作队伍的心理素质。除此以外，年级、班级的主要干部、心理委员等也应该定期进行相关的培训，作为学生工作队伍的组成部分，他们在心理危机干预的过程中也具有不可替代的作用。由此可见，对学生工作队伍进行相关业务的专业培训，提升其心理危机学生的鉴别能力，提高对心理危机的敏感度与警惕性，以更加专业的方式和方法应对心理危机事件，是提高心理危机干预效果的根本所在。

（四）全方位——健全重点学生的跟踪机制

加强重点学生危机后的跟踪与预防工作是心理危机干预的重要组成部分，也是巩固心理危机干预成果的主要方式。心理问题的反复性决定了学生心理帮扶工作绝对不是一蹴而就的事情，需要长期的跟踪，定期的观察，持久的预防，才能确保心理问题学生的稳定。考虑到心理问题学生压力承受能力较差，过多的舆论压力反而适得其反，因此，重点学生的跟踪与观察工作，关键在其舍友、主要学生干部的支持与协助，用好主要学生干部是建立跟踪机制的关键所在。在心理问题学生宿舍培养心腹学生，安排班级主要学生干部密切关注重点学生的动态，这种关注不仅仅局限于线下日常的学习与生活，还应该涵盖其线上的动态，并做好及时有效地汇报工作。除此之外，营造温暖有爱的宿舍与班集体，增强心理问题学生的归属感，让其体会到集体生活的和谐与友爱，对稳定其情绪，增强心理支持系统是非常有利的。因此，在危机干预的后期跟踪方面，除了打造一批"精兵良将"协助做好重点学生的关注与情况汇报工作之外，更重要的是，要建立全方位的帮扶体系，构造有爱有温度的学习生活环境，不仅有利于防止心理问题的复发，而且还有利于促进同学之间人际关系的和谐，从而预防新的心理问题的产生。

四、创伤理论下大学生心理危机后的自我重建

大部分学者认同一个观点：只有当创伤主体把创伤经验整合成一个有序的，具体的基于时间与历史背景下的"言说"，才能从创伤的记忆中恢复过来。根据这个观点不难发现，心理创伤的产生与愈合其实是一个破碎与整合的过程，这个过程虽然是艰辛的、困难重重的，却蕴含着更好的可能和重生的机会。大学生正处在思想和心理发展的关键时期，容易接受和适应新的事物，具有较强的可塑性。从危机的字面上理解，其意思是危险中蕴藏着机遇，如果心理危机爆发已经成为一个既定的事实，那么如何在危机中寻找机遇是心理危机干预的重要议题。大学生心理危机爆发是一个发现问题、寻找症结的过程，而危机干预后的恢复是一个自我完善与提升的过程。

（一）认知的自我重建

由于缺乏全局观念和足够的生活阅历，大学生容易片面地看待问题，有心理问题的学生更甚，他们在看待问题时往往持着"非黑即白"的态度，情绪化和极端化特点显著。认知偏差是造成心理问题的重要原因之一，生活中总有大大小小的负性事件，在面对同样一件负性事件时，心理调适能力强的人能够很好地进行自我疏导与排解，而心理调适能力差的人就容易陷入思维的"死胡同"无法自拔，从而爆发心理危机。心理危机干预的重要环节就是帮助当事人学会正确地看待问题，以更加全面的视角去看待生活中的挫折，并且学会从逆境中寻找希望。认知的自我重建对大学生的心理健康而言是至关重要的，因为心理问题存在复发的可能，如果不改变以往错误的认知观念，在面对新的挫折时就可能会再次出现心理问题，甚至爆发出更严重的心理危机。因此，在心理危机干预中，除了给予当事人外在的鼓励与帮助以外，更要引导学生去勇敢地面对问题，理性地分析问题，以更加客观的方式去看待挫折与困难，积极寻找更好的可能和美好的希望。

（二）价值观的自我重建

具有心理问题的学生往往自我评价过低，或者自我价值感较低，往往会有"自己很没用"或者"自己不值得被爱"的想法，在面对困难与挫折时，容易退缩与逃避，甚至一蹶不振。常常抱有这种想法学生会陷入一种死循环，在事情还没做的时候，他们就想到了很多失败的结果，从而消极应对，自我放弃；而一旦结果出来以后，如果是失败的，他们又会有一种"自证"心理，认为自己就是这么差劲，这种结果是理所应当的。幼年时期没有得到无条件的爱，加上成长过程中没有获得足够的成功体验，是造成这类心理问题的主要原因。在处理这类心理危机时，危机干预者应该侧重给予他们成功的体验，肯定其克服困难与挫折的能力，激发和挖掘其积极的力量，让他们看到自身的价值和潜能。心理危机的克服对他们来说，也是一次不可多得的成功体验，引导他们在心理危机干预中发挥自身的力量，看到自己无限的可能是其完成自我重建的关键。

（三）心理弹性的自我重建

"心理弹性"的英文是"Resilience"，用于表示个体面对生活逆境、创伤等重大生活压力事件时的适应程度，即面对生活压力与挫折的"反弹能力"。有研究表明，心理弹性较高的人与较低的人相比，在经历挫折与压力事件时，有更好的适应能力，更容易避免心理障碍的发生。应激事件是引起心理变化的外在原因，而面对应激事件时的心理承受能力是心理危机是否产生的关键所在。心理承受能力弱，适应性差的大学生在面对新环境、新问题时，心理防线容易出现崩塌，产生恐惧、抑郁等一系列不良的反应，进而爆发严重的心理危机。在爆发心理危机后，通过有效的干预、心理疏导、团体辅导等形式，可以有效提高当事人的心理弹性。在经历困难与挫折以后，心理危机干预后的学生会对困难与挫折有更加深刻的认识，会以更加积极勇敢的心态面对生活中的各种不顺遂，其人格中积极的因素得到激发。增强大学生心理弹性的意义在于提高其承受挫折、经受考验的能力，在危机后获得成长，实现从"他助"到"自助"的过渡，这是心理危机干预的终极目标所在。

（四）支持系统的自我重建

大学生要维持心理健康，需要有一个来自亲人、朋友、同学等多方面的心理支持系统。有很多大学生的心理比较封闭，即使有心理问题也不愿意向周围的人倾诉，长此以往，一旦超越心理承受能力，必然引发心理危机。心理危机的爆发往往是因为积累了太多的情绪无法得到及时的排解，无法找到宣泄的出口。而那些有心理问题的学生的背后，往往是糟糕的家庭关系或者是不良的人际关系，在出现心理问题时，没有强大的心理支持系统，就容易导致心理危机的爆发。然而，心理危机的爆发却是重建支持系统的良好契机，心理危机的产生必然会引起当事人家庭的高度重视，让当事人的家长看到事态的严重性，有利于唤起亲情方面的支持系统。在危机干预中引入家庭的参与不仅是重要的，也是非常必要的，一方面，大多数心理问题产生的根源在于原生家庭，探究家庭因素是找到心理危机致因的关键所在；另一方面，家庭的支持系统是帮助大学生战胜心理危机的坚实后盾。在心理危机干预后,当事人与家庭的关系会得到一定程度的缓解,父母与子女能够在心理危机中学会更加恰当的相处与沟通方式。

关注心理问题是培养健全人格的前提。大学生是社会主义的建设者和接班人,心理健康教育是高校育人绕不开的环节。受主客观因素的影响,大学生心理健康受到严峻的威胁,心理危机事件时有发生,对高校的安全稳定造成一定的危害。创伤理论从更加宏观的角度分析大学生心理问题产生的原因,并在此基础上探讨大学生心理危机干预面临的现实困境,进而提出心理危机干预的优化路径,具有一定的理论借鉴意义。同时,创伤理论也关注心理危机后的自我重建,为高校心理帮扶育人提供了思路。

第二节 大学生心理危机的识别

大学生心理危机的识别与有效应对对于促进大学生心理健康、确保校园安全稳定、筑牢学生心理安全防线具有重要意义。本节对新时代大学生心理危机的表现、类型、特点、成因等进行分析,并结合大学生实际,提出善于觉察、勇于面对、敢于求助、成于配合的心理危机自我应对策略。

一、新时代大学生心理危机的含义表现

(一)什么是心理危机

心理危机是指个体或群体运用习惯的应对策略无法应对目前所面临的困境时的一种心理失衡、失序或失控状态。通常只有符合下列条件的才算是心理危机:①有诱发性事件或行为的异常变化。个体在躯体、认知、情绪、意志和行为等方面的出现异常,如出现抑郁、恐惧、悲伤、愤怒、心慌、手脚冰凉等心理、生理和行为的变化。②个体用平时的应对方法无效,因而产生无助、无力和绝望感等。

心理危机对人的影响是双重的:一方面,它会给人带来巨大的冲击,损害人的身心健康,甚至对未来生活留下阴影;另一方面,心理危机能够历练心智,危机中也潜藏着机遇,它能促使个体充分调动心理资源去应对困难,获得再生。

(二)心理危机个体的典型表现

一是认知变化,如悲观失望、自我评价降低、生活意义感缺失、学习兴趣下降等。二是生理变化,如失眠、食欲不振、头痛眩晕、心跳加快、呼吸短促、胸口疼痛、手脚冰凉等。三是情绪变化,如情绪低落、焦虑不安、无故哭泣、意识范围变窄、忧郁苦闷、喜怒无常、易激怒、持续不断地悲伤、自制力减弱等。四是行为变化,如个人卫生习惯变差、自制力丧失、过分依赖、孤僻独行、无缘无故生气或与人敌对、人际交往明显减少、行为紊乱或古怪、丢弃或损坏平时珍爱的物品、酒精或毒品的使用量增加等,较为严重者甚至会流露

自杀念想，与身边人谈论死亡或与死亡有关的问题。

二、新时代大学生心理危机的主要类型

（一）境遇性心理危机

境遇性心理危机，是指在生活中出现的由于个人对其无法预测和控制的罕见或超常的事件而产生的危机。境遇性危机带有随机性、突然性、强烈性、意外性、震撼性和灾难性等特点，如意外交通事故、被绑架、被强奸、突发的重大疾病、亲人或同学好友的死亡、父母离异、重大自然灾害等。例如，面对失去亲人的创伤后应激障碍，是典型的境遇性心理危机。这种危机由于事发突然、变化剧烈，给当事人带来极大的震动，容易引发剧烈的心理反应，如果处理不当，则会产生严重后果。

（二）冲突性心理危机

冲突性心理危机也叫存在性心理危机，这是一种伴随着重要的人生问题而出现的内部冲突和焦虑，是一种基于现实性冲突的危机，如理想与现实的冲突、多重驱避冲突、双避冲突等。这种危机往往与重大的人生问题和选择相关联，如人为什么活着、活着的目的和意义是什么、人生的意义何在、我该如何选择等。比如，现在部分大学生存在"空心病"现象，对自己生活或者学习的意义感到困惑、迷惘或者虚无，不知道学习乃至人生的价值和意义，对学习生活工作的兴趣不浓，有些时候会莫名情绪低落，感到非常孤独，注意力不集中，甚至无精打采，这是一种典型的冲突性心理危机。冲突性心理危机不易觉察，持续时间长，内心痛苦大，也易出现极端事件。

（三）成长性心理危机

成长性心理危机也叫发展性心理危机，这是一种伴随每个人一生中不同阶段都会出现的危机。如环境适应、人际矛盾、恋爱困扰、婚姻困境、家庭冲突、学业压力、考试焦虑、就业困难等。成长性心理危机表现不剧烈，进程缓慢，持续时间长，一旦成功化解，将有助于大学生朝着更加成熟的方向发展。但如果成长性危机事件已远远超出当事人的应对能力，则需要进行干预。

（四）病理性心理危机

病理性心理危机是由某些严重心理障碍、神经症或精神病性问题所引发的心理危机，比如抑郁症、焦虑症、强迫症、恐惧症、精神分裂症等；也有的是由失范行为或犯罪行为引发的危机，比如品行障碍、违纪违法等。病理性心理危机需要进行专业的干预才能解决，精神病性的问题必须接受精神科专业医生的诊疗。

三、新时代大学生心理危机的特点分析

（一）时代性

中国特色社会主义进入新时代。当前大学生大部分为"95后""00后"，他们面临的心理危机具有鲜明的时代性。当代大学生面临的学业困扰、就业困难、创业困境、婚恋压力、房价压力、舆论压力等都呈现出新的特点，除了焦虑、抑郁、强迫等常见的心理问题，"空心病""佛系"等现象也成了当代大学生生动的心理写照，大学生还经常面对着理想与现实的冲突、自我与他人的冲突、驱动与回避的冲突。此外，还面临着贫富差距、环境污染、隐私泄露、健康隐忧、风险隐患等诸多不确定、不安全的因素。这些问题一旦应对不好，就很容易产生心理危机。

（二）易感性

正处于青年初期的大学生是心理危机的易感人群。大学时期年龄一般都在18-25岁，虽然生理成熟，但心理发展处于由不成熟向成熟发展的过渡阶段，社会性发展相对滞后，认知容易出现偏差，心理容易出现各种矛盾与冲突，心态容易失衡，情绪容易失控，存在潜在的风险。如果负性情绪蓄积太久，容易做出极端和偏激的行为，引发极端事件。近年来，大学宿舍发生的几起典型的事件就是深刻的教训。例如，2004年的马加爵事件，由于马加爵的不良情绪长期没有得到合理的疏导，最终因一件小事导致其心理危机的爆发。

（三）多重性

当代大学生个性张扬、价值观念多元多样，加之历史虚无主义现象时有抬头，西方对我国意识形态渗透从未停止，大学生经常对一些问题和看法的认知能力有限，辨别是非真伪能力不强，容易引发各种内心冲突。比如，对于什么是对的、什么是错的经常会存在困惑，对于教材上和老师讲的与自身亲眼看到的现实经常存在出入时该相信谁？面对身边各种过度消费、超前消费、攀比消费等现象，是否该继续保持节俭的消费观？面对市场经济的深刻冲击，该追求金钱和享受的生活还是继续坚守心中的理想？这些困扰都容易引发大学生的心理冲突和危机。

（四）动力性

心理危机是伴随着人的一生必然发生的，只要人活着，就会有危机。在大学生活中，伴随着角色转化、环境适应、人际交往、恋爱受挫、学业压力、就业焦虑等出现的心理危机并不都是负面的，机遇与风险同在，挑战与考验并存，危机与成长共生。一些心理危机具有动力作用，能够促使大学生在应对危机中增强积极心理资本，变得更加自信、乐观，更具韧性、活力，获得更多心理成长的力量。

四、新时代大学生心理危机的产生原因

(一)角色转换难以适应引发心理危机

在成长和发展过程中,每个人的角色都会随着时间地点和条件的变化而变化,但如果不能较好地适应,就容易引发心理危机。从高中学习到大学学习,学习方式、内容和途径都发生了很大的变化,有的同学难以适应大学"放养式"的学习模式,感到不知所措;有的同学对于自己没能考上理想的大学而灰心丧气。从家庭生活到宿舍生活,有的同学第一次尝试集体生活,与同学在生活方式、兴趣爱好等方面存在很大不同,又不懂如何与同学进行正确的沟通,容易产生摩擦和矛盾。此外,部分大学生可能还会遇到异地上学水土不服、宿舍矛盾、人际冲突、失恋、挂科,甚至家庭变故等多重生活应激源。这些都容易导致大学生的各种心理危机。

(二)多元价值深刻冲击引发心理危机

从教育本身发展的角度来看待教育供给侧结构性改革的必然性。随着高等教育普及率日益提升,高等教育的供给数量得到极大丰富。但以陈晨明为代表的一批学者通过对高等教育的人才培养跟踪分析,发现高等教育的供给质量没能有效提升,出现人才培养供需之间不一致的现象,主要体现在学校给予求学者的知识技能与求学者潜在的知识技能需求不一致、与用人单位对劳动力的工作岗位技能需求不一致,即高等教育在人才培养方面出现了结构性失衡现象。具体到人才培养的各个环节上,主要体现在以下三个方面:专业设置与社会经济发展需求的不匹配,课程资源建设内容与行业企业对知识技能的要求不匹配,求学者的实操技能与工作岗位的实际需求不匹配。

(三)现实社会转型变革引发心理危机

当前,我国社会正处于全面转型变革当中,经济发展处于由中高速增长到高质量发展的转型升级中,发展不平衡不充分的问题突出,传统行业深受挑战,社会竞争激烈,生活节奏加快,部分地区环境污染较为严重,这些都很容易引发大学生的焦虑和不安全感。另外,有的高校专业设置与人才培养模式同社会市场不接轨,无法满足社会的需求,人才培养与市场需求不匹配,大学生就业难度加剧、创业风险增加,甚至有的学生一毕业就面临失业的处境,这也给部分大学生带来了潜在的危机。

(四)网络世界险象迭生引发心理危机

当代大学生是互联网时代的"数字土著民",他们从一出生就开始接触互联网,深受互联网的影响。大部分学生习惯于通过QQ、微博、微信等新媒体进行虚拟社交,通过百度、知乎、搜狐、手机APP等网络平台收集资料、获取信息,通过支付宝、天猫、当当、京东等网络交易;部分大学生整天沉迷于"王者荣耀""英雄联盟""吃鸡"等网络游戏,喜欢通过直播、抖音、自拍等方式进行自我呈现。网络已然成为当代大学生学习、娱乐、

消费的重要场域。但网络风险也无处不在、无时不有。如今，网络攻击、谩骂、色情、诈骗等现象时有发生，各种网络乱象层出不穷，网络舆论经常一点即发，大学生很容易成为网络生活的受害者。有的大学生深受校园贷、网络贷、网络诈骗等的伤害，导致出现抑郁、焦虑、恐惧、失眠等各种心理和生理方面的非适应现象。网络风险呈现出各种新的形式和形态，都容易引发大学生的各种心理危机。

五、新时代大学生心理危机的自我应对

（一）善于觉察

觉察是应对危机的第一步，也是改变现状的基础。大学生在遇到心理危机时，要觉察自己对危机事件和自我的认知、情绪和感受。经常问问自己现在的认知是否存在以偏概全、糟糕透顶的偏差，目前的情绪状态能否应对危机、解决问难；要经常问问自己真正想要什么、能做些什么，哪些是通过自己的努力可以控制的，哪些是不可控需要主动适应的；要经常进行积极的自我暗示，善于觉察自己拥有或可以利用的资源，给自己赋予积极的能量和力量以应对危机。

（二）勇于面对

遇到心理危机并不可怕，可怕的是不敢去面对它选择逃避。大学生要认识到心理危机是普遍存在的，当遇到危机时，要全面分析危机发生的原因，辩证看待心理危机带来的影响，多看到心理危机的积极意义。要相信"否极泰来""不经历风雨怎能见彩虹"的道理，不要总是怨天尤人，学会在困境中把握机遇，获得心理成长。

（三）敢于求助

"自助者天助"。大学生要增强"自己是心理健康第一责任人"的意识，遇到心理危机要主动寻求帮助，不要等待，可以将自己真实的困难和痛苦告诉值得信任的人。"一个篱笆三个桩，一个好汉三个帮"，大学生要相信有人愿意帮助你支持你，既可以向辅导员、校心理咨询中心寻求帮助，也可以向心理热线或校外的心理咨询人员寻求帮助。

（四）成于配合

如果寻求心理咨询，要积极配合心理咨询师。心理咨询并不是一次就能解决心理危机，可能需要反复多次去见咨询人员或心理医生。如果到医院精神科诊疗医生有开药，要严格按照医生的嘱咐坚持服用，不能擅自断药。特别是对于存在严重心理问题、神经症和精神病性问题危机的学生，更需要积极配合治疗，才能有效渡过危机。

第三节 大学生心理危机干预

为了解决日益普遍、严峻的大学生心理危机问题，本研究提出了积极心理学视角下的心理危机干预模式。一方面，要从"内生力量"和"社会支持"两个方面强化大学生心理危机应对的积极力量，实现"救火队"工作模式到"防疫者"工作模式的积极转变；另一方面，重视"以幸福为中心的生命教育"和"以逆商为中心的挫折教育"的积极心理危机预防工作，践行"基于积极心理品质测查的心理潜能激发"和"基于积极心理支持建构的心理资本聚力"的积极心理危机干预工作，实现"被动干预"到"主动预防"的积极转变。

意外人身伤害、公共卫生事件、突发自然灾难，包括作弊、失恋、求职等心理应激事件给大学生造成了难以承受的心理危机，甚至会导致自杀等悲剧。因此，高校的心理危机干预工作受到了教育相关部门、高校和学生家庭的高度重视。当前的大学生心理危机干预工作还存在着预防不足、干预滞后、干预不彻底、干预病理化等缺陷，本研究将基于积极心理学在大学生心理危机干预中的适用性分析提出大学生心理危机的积极应对结构和大学生心理危机干预的实施路径。

一、积极心理学在大学生心理危机干预中的适用性分析

（一）突发应激事件的不可控性与积极化心理危机预防的重要性

意外事故、自然灾难、公共卫生事件等突发应激事件的发生具有不可控性，甚至具有一定的必然性，这就使得有观点认为心理危机预防是一个难以实现的"伪命题"。心理危机干预理论创始人卡普兰认为心理危机 (Psychological Crisis) 是个体在遭遇突发重大应激事件时，运用个人常规应对方式无法解决后，出现的情绪混乱、行为偏激或人格解体的心理失衡状态。如此来看，突发性的心理危机事件并不是心理危机出现的充分必要条件，个体的心理应对品质也是决定是否出现心理危机的关键因素。这意味着尽管心理危机事件的出现是不可控且无法绝对预防的，但从优化个体心理应对品质的角度可以做到心理危机的预防。

突发危难事件的不可控性决定了心理危机是一种常态，特别是对心理矛盾性明显、抗逆力脆弱的大学生群体而言，心理危机具有较大的人群普遍性、发生常态性和后果恶劣性，这就要求高校的心理危机干预工作要着力提升大学生的积极心理品质。积极心理学倡导以个体的积极情绪体验、积极人格品质和积极组织氛围为工作要点，优化个体的辩证思维、勇气、意志、善良、自控、乐观和希望等积极心理品质，一方面，以积极的应对方式面对生活中的危难，达到降低心理危机发生概率的目的；另一方面，凭借积极的心理品质抗御心理应激事件，达到降低心理危机伤害性的目的。因此，积极心理学是大学生心理危机工

作创新变革中的重要思路，危难事件无法先知、难以预防，但是抗击心理应激事件的积极心理品质却是可以未雨绸缪、尽早提升的。

（二）传统心理危机干预的病理化与积极心理危机干预的优越性

传统的大学生心理危机干预以"哀伤辅导"为主要工作思路来处理应激事件给大学生带来的心理失衡状态，以症状的出现作为危机干预工作的起始点，也以症状的消除作为危机干预工作的结束点，这种危机干预模式具有一定的心理治愈效用，但是也存在着一定的不足：①心理危机处理不彻底。"哀伤辅导"为代表的心理危机干预模式更多的是运用情绪舒缓、放松减压和社会支持等方法实现干预对象的短期心理适应，而造成心理危机的根本原因（社会认知偏差、心理韧性不足和危机易感性强等）没有得到深层解决，这就无法避免同类事件继续对危机对象产生严重不利影响的可能性。②心理危机的后续追踪不足。事实上，危难事件造成的心理危机往往具有潜伏期，如创伤后应激障碍通常出现在强奸、致残、丧亲等恶劣事件的三个月后。③心理危机干预对象不全面。灾难幸存者和灾难急性心理障碍不明显的大学生也是心理危机干预的重要对象，可能会遭受"污名化标签""社会性歧视"和"自罪倾向"等心理危机风险。

部分高校在心理危机干预工作中还存在着行政化思维，在学生陷入心理危机后首先以维护校方的"良好形象"为目的开展危机公关、责任处分等工作，或者粗暴地把学生的心理危机处理工作交给家长或医院等机构，甚至以"休学、劝退"避免学校责任。

积极心理学视角下的心理危机干预不再止步于心理应激状态的解除，也不再单凭危机干预人员的专业力量开展心理危机干预，而是激发危机干预对象的积极心理潜能来对抗心理危机状态，并且注重干预对象在危机处理过程中的积极品质塑造以防患于将来可能出现的心理危机，具有更加深刻和长效的治疗意义。

（三）当前心理危机预警的滞后性与积极心理危机干预的必要性

传统的高校心理危机干预基本以事后干预为主，通常在心理应激事件出现后或心理危机产生后才采取相应的应急干预措施。如今，大部分高校心理危机干预都引入了"学校心理健康中心（专业咨询师为主）——院系（辅导员为主）——班级（心理委员）——宿舍（心理联络员）"的四级心理危机预警机制，希望以此来防患于未然。然而这一系统化程度很高的心理危机预警机制依然只起到"亡羊补牢"的作用，未能摆脱其滞后性的问题。四级心理风险防控系统是一个垂直组织，任何一个节点人员的专业性和尽责度都会显著影响到心理危机干预的及时性和有效性，然而，这些节点人员的专业性和尽责度并没有绝对保障；四级心理风险防控机制依然是以危机事件和学生的异常反应为基本汇报指标，做到了"早发现"的心理防控目标，无法从根本上预防心理危机的出现。

从"被动干预"到"主动预警"体现了高校心理危机干预工作的进步性，但是都存在滞后性的缺陷。积极心理学实现了从"被动干预"到"主动预警"再到"积极预防"的升级变革，工作场景从突发危机事件转移到了日常的积极心理教育中；工作对象从心理危机对象转移到了全体的大学生群体中；工作目标从危机状态的解除转移到了积极心理能量的塑造中，工作思路从及时预警和快速干预转移到事先预防和积极防控中。据此，本研究进一步提出了在积极心理学视角下的大学生心理危机干预的框架设计和实施路径。

二、积极心理学视角下的大学生心理危机应对结构探索

不同于其他的心理危机干预模式，积极心理学视角下的大学生心理危机干预更加重视大学生自身对心理危机状态的积极应对、主动防范与正向抵御。心理学家勒温在社会行为的形成中提出了 B=f(P，E) 的模型，社会行为 (behavior) 是个体内在因素 (Person) 和社会环境 (Environment) 综合作用的结果。大学生的心理危机是其常规应对方式无法承受外在危机事件刺激时出现的心理紊乱状态，那么大学生的心理危机积极干预模式就需要一方面着力优化其内在的积极应对力量，另一方面要在提供必要的外在支持的条件下重点提升其社会支持领悟能力和运用能力。

（一）内生力量

大学生心理危机应对的内生力量是大学生自身所具备的对抗心理危机压力时的心理资本。积极心理学认为，个体存在着消极和积极两种此消彼长的心理能量。当个体出现心理障碍时，既可以通过降低消极能量的方法直接解决心理危机，也可以通过建设积极心理能量来对冲心理危机的负面影响，并且后者具有更大的可能和更快的效能。大学生心理危机的内生力量主要包括积极归因风格、积极人格品质、积极能力品质和积极危机意识四部分。

1. 积极认知风格

大学生在面对突发性应急事件时最先、最快起作用的便是其对危机事件的认知风格。认知风格不是根据事件的特殊性出现的具体化认知方式，而是一种自上而下的常规化稳定认知模式。换句话说，并不是危机事件决定了某个大学生会持有某种必然的消极认知，而是某个大学生的认知风格决定了他对危机事件的看法与评价。正如心理学家埃利斯的 ABC 理论所述，导致心理问题的不是客观事件本身，而是对客观事件的看法和评价，绝对化要求、过分概括化、糟糕至极等不合理信念是心理危机出现的重要预测变量。

相同的危机事件发生在不同的人身上会有不同的结果，其中起着调节作用的便是个体的认知风格。心理学家 Lyn Abramson 的研究表明，把消极事件归因为内在的、整体的、稳定的因素更容易导致抑郁等心理问题，而把消极事件归因为外在的、局部的、不稳定的因素则不容易发生心理问题，前者为抑郁型归因风格，后者为乐观型归因风格。积极心理学认为个体的认知风格、归因风格或解释风格是后天习得的，通过积极训练个体可以具备乐观型解释风格，这一内生积极力量将有效地降低心理危机的发生概率。

2. 积极人格品质

已有研究表明，出现心理危机的大学生个体通常具有性格内向自卑、孤独冷漠、自尊水平较低等共性特征。这就说明人格是大学生心理危机的重要区分变量，积极人格品质在

抵御心理风险上具有较大的优势。积极心理学非常强调积极人格品质在心理治疗和个体发展中的作用，甚至认为积极心理品质的发展就是个体发展的目标。

"乐观""希望"等积极人格品质能够帮助大学生在危机当中看到新生，激发转危为机的潜能；"友善""社交智慧""团队精神"等积极人格品质能够帮助大学生获取社会支持、增强协作能力，借力解决心理危机或走出现实困境；"坚韧""勇敢""热情"等积极人格品质能够帮助大学生增强心理弹性，直面突发应激事件带来的苦难。总之，在积极人格品质有优势的大学生一方面能够降低心理危机易感性从而不易落入心理危机的困境中，另一方面也能够积蓄充分的积极心理能量从而克服心理危机。

3. 积极能力品质

如果说人格和认知风格是大学生心理危机应对的恒定、被动资本，那么积极的能力品质是大学生积极应对心理危机的主动内生力量。能力是个体顺利完成某种任务的基本心理条件。心理危机的解除需要大学生凭借强大的挫折耐受力和灵活的心理调控力来得以实现。针对大学生常见的心理危机，有效的积极能力品质包括挫折耐受力、情绪调控力和幸福获取力。

第一，挫折耐受力。挫折耐受力是指个体在遭遇挫折时能够抗御心理压力，避免心理失衡和行为失常，走出心理困境的能力，也有研究把这一种能力成为心理韧性、心理弹性或心理逆商 (Adversity Quotient)。挫折耐受力强的大学生能够在突发应激事件发生后依然保持生命的活力和生活的热情，积极从自身角度寻求问题解决方法以突破困境，而不是自怨自艾或者怨天尤人。

第二，情绪调控力。大学生的心理危机状态通常伴随着抑郁、焦虑、愤怒或恐惧等消极情绪状态甚至情绪崩溃状态。这就需要大学生具备认知调节、人际调节、宣泄调节等情绪调控手段和冥想、腹式呼吸、肌肉松弛、睡眠节律调节等放松减压方法，以此较早、较快地走出负面情绪的困境。

第三，幸福获取力。积极心理学视角下的心理危机应对策略不止步于危机状态的解除，而是从根本上增强大学生的幸福感来对冲已然存在的心理危机和预防可能出现的心理危机。这就需要大学生具备积极的幸福价值观和幸福获取力，一方面，辩证地看待生命的价值和生活的意义追求自我实现式的心理幸福；另一方面，以豁达的态度接纳生命中必不可免的危难并从中寻求"痛并快乐着"的幸福。

4. 积极危机意识

除了积极的认知风格、人格品质和能力品质之外，积极心理学视角下的大学生心理危机应对还必然地包括大学生对心理危机的基本意识。积极的危机意识是有效调动积极认知风格、积极人格品质和积极能力品质的原动力。

首先，合理化对危机的认识。突发事件、意外事故均在正常的防范能力之外具有不可控性。大学生的心理正处于自我同一性的延缓偿付期具有矛盾性、脆弱性和不成熟性，再加上学习困难、考研 (升本) 失利、作弊被抓、失恋分手、求职失败等大学生危机事件时有发生，这就导致当代大学生的心理危机是一种常态，对自己可能出现的心理危机持有淡定、平和的心态。

其次，积极的危机求助意识。已有研究表明，不少身陷心理危机的大学生并没有一开始就寻求社会支持和外力帮助，甚至已经走到自杀边缘的一些大学生也没有向他人发出求救信号。尽管可以从"习得性无能为力理论"的层面上理解遭遇心理危机的大学生已然丧失了求助的信心和效能，但是没有明确的求助意识确实让本来不会发生的悲剧重复上演，这就愈发彰显出在日常心理教育中提升大学生心理危机求助意识的重要性和必要性。

（二）社会支持

积极心理学的三大研究领域包括积极心理品质、积极情绪体验和积极社会组织。前两者是大学生积极应对心理危机的内生力量，而积极社会组织会以外在支持的方式影响大学生对心理危机的应对效果。

1. 社会支持的建设与重构

人是社会性的群居动物，社会支持对人的心理健康状态和心理问题解决起着至关重要的作用。尽管身陷心理危机的大学生更多地要凭借内生力量来处理心理危机，但是撬动危机解决的支点或者起点确是社会支持系统的建设与重构。

第一，情感支持系统的建设与重构。大学生在应对心理危机时需要充分的情感支持和心理帮扶，学校心理咨询师、辅导员、班主任是重要的引导者和鼓励者，特别是家庭的支持和同辈的辅导在大学生心理危机康复中起到至关重要的作用。这就需要大学生既要建构合理的心理支持网络，又要基于对自己情感支持网络的审视重构强有力的情感支持系统。

第二，赋能支持组织的建设与重构。教育、卫生、民政、政法、公安和团委等系统都是大学生心理危机干预的重要赋能机构、支持组织和干预力量。高校的心理危机干预要积极引入各种心理危机干预的有效力量，大学生要从多个层面、多个角度、多个系统中寻求现实问题的解决方法和心理危机的支持力量。

2. 社会支持的领悟与运用

已有研究表明，身处心理危机的大学生并不一定是缺乏社会支持的来源，而是他们未能感受到社会支持网络带来的正向支持，或者不能恰当地运用社会支持使之转化为心理支持。这就需要引导大学生积极地看待自己所拥有的社会资源和心理支持，充分地运用自己的积极社会支持网络。

相比较于社会支持的建构与重构，社会支持的领悟与运用是积极心理学视角下的心理危机干预模式更加重视的因素。一定程度上讲，某一大学生所拥有的社会支持网络的数量、性质和质量是一个既定的常量，很难短时间内实现质的变化，但是对社会支持的领悟与运用可以通过积极引导和积极训练实现显著优化。

综上所述，积极心理学视角下的心理危机应对结构应包括积极认知风格、积极人格品质、积极能力品质、积极危机意识等内生力量和社会支持的建设与重构、社会支持的领域与运用等社会支持，本质上实现了以危机干预人员为主导的"救火员中心模式"到以心理危机干预对象为主导的"防疫者中心模式"的转变。

三、大学生心理危机工作的积极化路径

不同于传统的心理危机干预模式，积极心理学视角下的大学生心理危机工作更加重视心理危机的常态化预防工作，并且不只是刻板式地开展心理健康教育课程，而是以"积极心理学"为灵魂引领科学化、具体化的积极心理危机预防教育活动。同时，积极心理学视角下的心理危机干预工作也不再是"明知不可为"地去解决现实困难，也不只是单纯地解除或被动地接受当前的心理失衡状态，而是通过激发干预对象的积极潜能来长效、彻底地解决心理危机问题。

（一）积极心理危机预防

1. 以幸福为中心的生命教育

心理危机，特别是自杀等严重的心理危机威胁着大学生的生命健康安全。正如一位心理危机当中的大学生所言"我不怕死，但我怕活着""别说是追求幸福，活着对我来说已经是竭尽全力了"，这就意味着生命教育对预防心理危机有着极大的必要性。

以积极心理危机预防为目的的生命教育核心是让全体大学生意识到生命的价值、存在的意义，让大学生掌握幸福的能力、快乐的真谛。一些大学生认为幸福是远高于"活着"的生命层次，这根本上是降低了生命的意义且夸大了幸福的难度。事实上，生命的全部意义就是幸福，而幸福的条件只需要保证自己活着即可。儒家讲求以"仁"为核心的精神富足给自己带来的幸福，"一箪食，一瓢饮，在陋巷，人不堪其忧，回也不改其乐"，正是因为颜回可以在"仁、义、礼、智、信"中实现自己的人生价值，陋室中的温饱生活也无法击垮颜回的幸福状态。道家讲求以"无为"为核心的天人合一给自己带来的幸福，"祸福无门，唯人所召"，祸福得失是自然规律，喜怒哀乐是心理常态，看淡得失就是幸福的能力。当然看淡得失的"无为"不是避世、沉沦，如庄子所言"物物而不物于物"，追求成功、物质等外物并没有问题，而是不要沉迷于外物。这就显示了一个人的幸福可以超然现实的得失忧患之上。

以幸福为中心的生命教育的重点不在于是否到达"或然"的幸福，而在于能否从"实然"的幸福出发，以乐观的态度审视生活，以豁达的态度应对失败，以幸福的态度享受生命。据此，本研究认为与其说幸福是一种状态或体验，不如说幸福是一种能力或观念，通过以幸福为中心的积极生命教育必然会优化大学生的幸福观，增强大学生的幸福力，最终体验到持续的、真实的幸福感。

2. 以逆商为中心的挫折教育

心理危机是个体的常规应对方式和既有心理资本无法抵御突发的、重大的心理应激事件的结果。这需要积极心理学模式下的大学生心理危机预防工作要着力增强大学生应对突

发应激事件时的积极心理资本。

大学生正处于自我同一性的心理延缓偿付期，有着较为旺盛的自我探索需求和较为沉重的人生发展任务。学业困难、就业困难、恋爱波动、社交障碍，包括家境悬殊等因素对大学生的心理考验不断普遍化、严峻化，再加上当代00后大学生独生子女的比例较高，普遍存在着挫折耐受力较弱的心理特点，这就导致当代大学生对心理危机事件的风险抵御能力不足。大学生的学业进步和人生发展不仅需要高超的智商和情商，逆商也成为大学生抵御心理危机、走出现实困境和应对人生考验的重要心理品质。

以逆商为中心的挫折教育一方面要完善大学生的积极应对方式，训练和践行"解决问题""求助""合理化"等成熟型的心理应对方式，避免和减少"退避""幻想""自责"等消极的心理应对方式。另一方面要增强大学生的心理韧性，强大的心理韧性来自于一次次逆风翻盘的经历，来自于一次次凤凰涅槃的过程，"艰难困苦，玉汝于成"，在挫折训练、事后复盘和积极反思中锻造坚韧的心理弹性挖掘积极的心理能量，不仅不怕困难，还能解决苦难；不仅不怕失败，还能从失败中汲取营养；不仅不怕危机，还能从危机中找到契机。

积极心理学视角下的心理危机预防工作实质就是心理危机相关的教育工作。但是需要指出的是：首先，积极心理危机教育并不是体现为心理危机的事后应对知识和技能的输出，而是体现在积极心理品质、积极情感体验和积极社群组织的心理资本建设上。其次，积极心理危机教育并不仅仅局限于心理健康教育课堂，校园心理文化建设、心理拓展训练、团体心理辅导和社会实践锻炼才是更加有效的教育方式。

（二）积极心理危机干预

危机事件的突发性和个别大学生积极心理资本的脆弱性，使得心理危机的存在成为一种必然的常态。不同于其他心理危机干预模式，积极心理危机干预模式更加重视危机干预对象本身的力量和危机干预的长效作用。

1. 基于积极心理品质测查的心理潜能激发

大学生心理危机干预是一项个性化的心理个案工作，不同的个案应该采用不同的应对策略。积极心理危机干预模式的个性化策略依据不是触发事件的个性化差异，而是干预对象在积极心理品质上的个性化区别。这是因为积极心理学视角下的心理危机干预模式认为，解除心理危机的根本力量和长效力量是危机干预对象自身，能够激发大学生自身的心理抵御能力和心理康复能力才是解决心理危机的最短捷径和最终归宿。

塞里格曼等人研发的《积极心理品质量表》和孟万金等人编制的《大学生积极心理品质问卷》都可以作为了解危机干预对象积极心理品质的重要手段。基于大学生危机干预对象积极心理品质的客观、量化解读，积极心理危机干预重点，在于激发和引导干预对象运用既有的积极心理品质一方面来抵御心理危机事件造成的心理失衡，另一方面开辟新的建设性活动来积极化心理基本面。

2. 基于积极心理支持建构的心理资本聚力

不同于常规心理咨询，大学生心理危机干预面对的问题更加严重，对问题解决的时效性要求更高，必须借助相关联的社会力量来促进心理危机状态的尽快解除。特别是在积极心理学视角下的心理危机干预模型看来，积极心理支持的建设不仅是解决问题的方法，更是危机干预的长效目标。

具体而言，大学生的积极心理危机干预模式首要为身处心理危机的大学生提供必要的社会支持和心理支持，支持、鼓励大学生形成稳定的心理抗逆效能感和心理成长自信心，启发、引导大学生找到问题解决的创新性路径；其次，帮助大学生构建和评估社会支持网络的来源、数量、质量和有效性，特别注重家庭、同学、好友等社会支持的领域与运用。但是这不等同于一般意义上的社会支持，需要基于积极心理组织相关理论评估当前的干预对象的人际网络的效价，有的时候父母、舍友并不一定是积极的心理支持来源。总之，通过积极心理支持网络的建构、评估和重构等工作，聚合成为大学生对抗心理危机、预防心理危机再次发生的心理资本。

第四节　大学生心理危机干预体系

大学生心理健康教育是思想政治教育的重要组成部分，是一项专业性较强的助人工作。大学的心理危机事件不是孤立的事件，已成为具有一定代表性和典型性的社会问题。建构科学、有效的心理危机干预体系至关重要。本节从危机干预的角度出发，对建构大学生心理危机干预体系提出建议。

我国经济正在高速发展，大学生的价值观也在变得越来越多元化，但是大学生也面临着很多挫折和压力的挑战，相当一部分大学生在这个阶段容易陷入心理危机当中，从而出现较为严重的过激行为。这不仅会威胁到当事人的生命安全，同时，会影响到家庭、校园和社会的稳定。心理危机是由某些因素所诱发的心理状态失调的情况，为了提升大学生的心理素质、进一步促进校园及社会的安全稳定，高校采取合理而有效的手段对大学生心理危机进行预防及干预是极为必要的。

一、大学生心理危机与心理危机干预

（一）心理危机与心理危机干预概述

我国学者在进行心理危机的相关研究时，对心理危机的概念通常采用美国心理学家G.Caplan 的观点：心理危机是一种暂时性的心理失衡状态，其产生的原因往往源自某个或者某些困难的情境，此情境是心理危机出现者当下没有足够能力应对的，这种令其感到困难的情景导致心理困扰的出现并形成心理危机。

心理危机干预是一个较为短期的过程，此过程是为那些经历过心理危机以及正在面临心理危机的人提供支持，帮助其能够更快的恢复到心理平衡状态。危机干预是以简短的心理治疗为基础进一步发展而形成的治疗方法，能够有效地解决心理危机的问题。心理危机干预主要是在发生严重的突发事件之后，针对面临心理危机的大学生采取快速、高效的应急方式对其进行干预，采用较为合理的方法对于应急事件进行处理，从而使其能够渡过危机时期，帮助其逐渐恢复到心理平衡状态。

（二）大学生心理危机的研究现状

目前，人们对于大学生心理危机的认识仍然不够全面，有些文章当中甚至会出现一定的误解，因此，对其进行正确的认识和界定是极为关键的。在国内学者对大学生心理危机的系列研究中，关于大学生心理危机概念的界定较少，其中比较有代表性的有：邵昌玉提出大学生心理危机主要是指高校学生运用寻常应付方式不能处理，由于无法克服心理冲突或外部刺激而对所遇到的内外部应激事件所发生的一种反应；高留才认为心理危机是指当大学生受到一些突发事件或面对的困难情境超过了他解决此类问题的能力时而产生暂时的心理困惑。

二、当前大学生心理危机干预存在的主要问题

（一）心理危机识别不精准

目前，我国高校对心理危机的干预意识不强，仍未形成危机精准识别的干预机制。大学生心理危机出现的原因复杂，学业问题、经济问题、家庭环境、生活事件、个性心理等因素均可能会影响大学生的心理健康，情况严重的甚至会引发心理问题产生心理危机。大学生的心理危机具有隐匿性、变化性和反复性，其自身难以察觉。同时，我国高校在处理大学生心理危机时也存在着经验不足等问题，这导致大学生的心理危机难以被准确识别。

此外，我国高校的心理健康工作者的能力培养体系并不完善，这导致部分心理健康工作者对心理危机干预专业知识了解不够深入，专业化标准尚且未达标。同时，这也与高校辅导员的专业背景相关。在我国目前的高校辅导员专业背景中，教育学、心理学、思想政治学等相关专业出身的辅导员比例并不高。然而，具备教育学、心理学、法学、社会学、思想政治学等社会科学的知识却是准确高效地应对和处理学生心理突发事件的基本条件。虽然有些高校采取了变通的办法，求助于专业机构来处理大学生心理危机事件，从而弥补专业性不足的缺憾，却很大可能使心理危机无法在第一时间内得到化解，错失了消除危机的最佳时机。

（二）心理危机干预模式僵化

在大学生的心理危机干预中，通常更加倾向于采用自外而内的单向干预模式。通常个体在遭遇一些主观感受超过其承受能力且仅凭个人力量已无法实现心理平衡的事情时，必

须通过外界的介入，才能使其有进一步的调整。这种外界主导的单向干预，在一定程度上是较为合理的，但个体的长期消极被动导致其主观能动性的压抑这一局限性也不容忽视。

马克思主义哲学的辩证法告诉我们，任何事物都是内外因素相辅相成的结果，内因决定事物发展方向是根本；外因促进事物变化，并通过内因对其进行作用。所以我们对于大学生心理的危机干预，除了重视外部导向的模式，也应该对于个体自身的潜能来进行调动，从而能够使得其心理平衡得到进一步的恢复。在内外并行的新型模式处理下，大学生的危机个体有着较为动态的特点，个体对于危机的应对潜力被激活与唤醒，主观上克服危机的积极性被提高，从而能更有效地使用外界的支持和帮助，共同战胜心理危机。

（三）心理危机干预力量单一

在进行大学生心理危机干预时，干预主体存在着单一化的问题。大学生远离家庭，尚未步入社会，在大学校园内进行生活，学校应当承担问题学生的心理危机干预责任，一旦出现心理危机，学校就会当即采用预案来进行介入，为防止危机事件发生赢得宝贵的时间。但家庭和社会却在干预过程中地位缺失，其作用没有得到充分的体现。这种割裂学生和家庭、社会之间的关系，把整体的问题只是放在学校这个层面来进行考虑，没有全面地探讨大学生心理危机的复杂性，使得问题简单化的状况势必会影响干预成效。

大学生心理问题的产生受到多种因素的影响，家庭因素是其中非常重要的一方面。很多危机的诱发因素在于家庭，比如经济的问题、父母离异等方面。因此，家庭对孩子心理健康的主要作用和当前家庭干预心理危机的缺失形成的反差值得关注；同时，由于大学生还没有走向社会和社会的联系是较弱的，但是社会上有着较为丰富的危机干预资源，比如说专业的心理辅导以及较为先进的医疗条件等，在这个情况之下，学校需要将危机的学生转介到专业的医疗机构对其进行诊治。

三、大学生心理危机干预体系建构

（一）建立心理危机反馈识别系统

为了有效地帮助出现心理危机的学生化解危机，高校需要构建快速、高效的反馈识别系统，以在学生出现心理危机时能够及时干预、稳定情绪，帮助学生走出当下困境。

建立心理危机反馈识别系统首先要做好细致的行为观察。行为观察主要是指辅导员、班主任、心理委员、班干部等，要在日常生活中细致入微的观察学生的行为，掌握学生的基本情况，以便及时发现问题、尽早进行干预，防止事态恶化升级。辅导员、班主任需要经常性的走访学生宿舍、开展谈心谈话、深入学生课堂，充分发挥学生骨干的作用，及时了解学生的日常状态和心理变化。其中，有下列问题的学生为重点筛查对象，晚点名未假外出、去向不明的，早操、课堂、宿舍违纪的，人际关系紧张的，课程不及格的，学籍异动的，感情受挫的，家庭变故的，突发事件的等。上述行为问题是心理危机产生的必要不充分条件。要对辅导员、班主任、心理委员、班干部等开展针对性的专题培训，增强发现和识别心理危机的能力。

其次，要做好大学生心理测评工作。从新生入学开始，要定期为所有学生开展心理普查，建立学生心理健康档案动态数据库，在此基础上对心理危机高发的学生进行准确摸排、分级管理、重点关注。通过心理测评和分级关注，一方面，可以帮助学生形成重视心理健康的观念；另一方面，可以让高校心理健康教育工作者实时掌握学生心理动态，及时发现心理危机的诱因，提前预防、化解危机事件，最大限度地降低危机发生率。

最后，高校要加强与学生家长的沟通交流，将学生的心理健康状况及时反馈给家长，保障信息反馈畅通无阻。在新生入学时，让每一名学生填写新生档案卡，收集学生的家庭地址、家庭主要成员信息、家长联系方式等，为家校信息互通打下基础。在新生报到期间，通过组织召开新生家长会、建立年级家长QQ群和微信群等方式，向家长和学生灌输学生的健康成长离不开家庭支持的观念。在此基础上，定期与家长交流学生的心理健康状况，做好家长的心理工作，帮助家长准确了解孩子的心理状态。当学生陷入心理危机时，第一时间联络家长并做好沟通协调工作，共同为心理危机学生提供支持和帮助，并及时让有需要的孩子进行转介，尽早接受专业治疗。

（二）心理危机干预要多措并举

做好大学生的心理危机干预工作，提升高校心理健康教育工作者的专业技术水平是重中之重。大学生心理危机干预工作是一项专业性较强的工作，仅凭借工作热情是难以妥善处理的。因此，要想更好地适应高校心理危机干预工作的要求，提高心理健康教育工作团队的综合素质、对其开展专业培训十分必要。

此外，要普及心理健康的专业知识，引导学生学会主动寻求帮助，提升大学生面对心理危机时的应对能力，并在有需要的时候主动接受专业的咨询或治疗。定期邀请心理学专家为大学生普及心理危机应对的基本知识，以专题讲座、心理健康知识培训、座谈交流会等形式定期普及心理健康教育的知识。同时，还要结合学生的实际情况，引导学生发挥自助、助人的功能。高校要依托心理健康教育中心、学生组织多渠道、多载体、多形式地开展系列教育活动，帮助学生更好地融入大学生活，增强学生的心理健康意识，为开展心理危机干预工作奠定良好的基础。

在进行心理危机干预时要进行双向干预，既要自外而内又要自外而内，要将解决实际问题与解决心理问题相结合。比如，有的学生出现挂科、违纪等问题，极有可能性与其心理问题相关，心理健康教育工作者一定要在处理问题的同时尽可能深度挖掘发生问题的原因，抓住每一个可能了解学生心理问题的契机，进一步预防心理危机。

（三）心理危机干预要多方联动

高校在进行大学生心理危机干预时，心理健康教育中心教师、辅导员、班主任、心理委员、班干部、党员等往往是中坚力量，但是心理危机干预是个复杂、系统化的工作，干预效果却时常不尽如人意。这是因为许多高校在进行危机干预时，仅仅依托于学校内部资源，而心理危机干预不仅仅只与大学生的健康成长息息相关。同时，也是关系到学生家庭和谐、学校及社会安全稳定的重要工作，因此，高校在充分利用学校内部资源的同时，还需要借助来自学生家庭以及社会环境的资源和支持。

高校应以学校的内部资源为基础，充分利用好家庭与社会的支持力量，将危机干预工作与学校、家庭、社会三者关联起来，构建起学校—家庭—社会三方合力、三位一体的大学生心理危机干预体系。在这样一个三位一体的危机干预体系中，心理健康教育中心教师、辅导员、班主任、心理委员、班干部、党员等的协同作用能得到充分的发挥，家庭和社会的资源被积极地调动，成为辅助学校开展相关工作的强大支撑力。当大学生出现心理危机的时候，学校应当立即采用应急预案，对危机学生进行干预的同时，尽快联系学生家长到校配合开展相关工作。一旦发现危机程度超出学校、家长干预能力的范围时，就应该及时转介，借助社会专业心理机构的力量来对其进行帮助。在危机学生接受治疗期间，学校应与专业机构保持联系，了解治疗进展情况。在危机后干预阶段，也需要保持良好互动，使危机学生恢复心理平衡。在这一过程中，保持畅通的交流与沟通是危机能够得到顺利解决的重要条件，学校在其中所扮演的角色是非常重要的，它既是信息的传递者，又是整个事情的监督者。家长应与学校保持沟通，如实反馈相关信息。学校、家庭和专业机构一方面要各司其职，另一方面三方应保持畅通的交流与沟通，形成合力，做到信息及时透明共享，相互补充，在对学生进行心理危机干预时能够做到井然有序、多方联动，共同帮助问题学生走出困境。

大学生心理危机干预是大学生心理健康教育工作中至关重要的一部分，它与大学生的健康成长息息相关，并且关系到国家和社会的和谐稳定，我们应当寻找经验，通过较为科学的方案来对其进行处理，充分发挥心理危机的干预作用，调动家庭和社会的资源，在社会系统的辅助下，构建完整的危机干预生态体系。一方面，学校应该加强和家长的沟通，对于家庭心理教育的作用进行进一步的发挥，向家长传输新的教育理念和心理危机的干预模式，使得心理存在着危机的学生能够获得家庭的理解和支持。同时，需要对学生家长进行系统的培训，最后，当学生面临心理危机时，需要充分发挥家庭的作用，帮助面临危机的学生得到家庭的支持，使其能够坚定地度过危机；另一方面，要充分调动社会系统的资源。社会系统可以有效地协调个体、学校、家庭之间的关系，达到系统间的互动、互助发展。目前，我国的社会教育系统的建设工作才刚刚起步，运转过程中的系统性仍有不足。因此，建立以高校和家庭为基础，以医疗单位、专业预防救援机构为辅助的大学生心理危机干预体系，进一步提升对心理危机大学生干预和帮助的及时性和有效性，将是我们继续努力的方向。

第五节　价值观与大学生心理危机

　　一个人的行为是以价值观作为基础的，大学的心理危机主要是因为价值观冲突引起的，为了建立良好的心理危机防御体系，就需要确立健康的价值观。基于此，本节对文化视角下大学生心理危机干预研究进行探讨。

　　价值观指的是一个人对四周客观事物重要性的看法和评价，直接决定一个人的人生态度、从什么样的角度去了解社会以及从什么样的角度去对自身的行为进行规范。大学生由于自身的身心发展还不够成熟，面临复杂的社会，大学生的的价值观很容易和现实社会产生冲突，进而引发心理危机。因此，从文化的角度对这些问题进行审视非常重要，不仅可以更好地进一步对已经存在的心理危机干预理论进行拓展和延伸，还可以建立出良好的心理防御体系，提高大学生的心理危机干预实效性。

一、大学生心理危机干预过程中需要重视的价值观因素

（一）导致价值观冲突的主要原因

　　价值观是人们用来对事物进行指导和评价的一种心理倾向系统，是指导人们活动的精神力量和驱动力，人们的行为也都是在价值观的支配下开展的。在社会的转型时期，各种评价标准和价值观念越来越多元化，人们经常需要面对各种斗争和冲突，在社会转型期的人们由于失去基本的价值标准，内心深处就会感到无所适从，感到矛盾，对未来失去信心，用来安身立命的原则就产生了动摇，行为的合理性丧失，出现尺度混乱，是非颠倒的情况，在行动时，缺乏方向感，失去了理想的根基，面对复杂的社会，充满迷茫。作为一个特殊的群体，大学生的自我意识和身心发展正在由矛盾和分化走向统一，是人格建立和发展的关键时期，受价值观的影响比较大。在各种价值观相互交织、相互转型的世界中，社会矛盾越来越明显，对于大学生来说，由于社会阅历比较浅，很多青年大学生出现抉择方向、数据失准，认同失标的情况，在心理上出现了失态和失衡，再加上现在很多大学生多为独生子女，成长环境比较舒适、安逸，缺乏意志力，耐挫能力和社会适应能力不高，经常会以自我为中心，存在比较严重的叛逆心理，对于不同的问题，存在不同程度的认知偏差，部分人在遇到挫折和困难时，很容易产生沮丧、无助等消极情绪，如果不对其进行积极的引导，就会使其对未来感到茫然，价值理想、价值信仰和价值评价方面也会产生困惑和迷茫。当自身的价值观和生活经验不能解释遇到的困难时，就会产生心理方面的危机，如果的价值观教育也缺乏正确性，就会进一步导致个体出现认知和人格方面的偏差，在遇到情境性危机和苦难挫折时，没有信念支撑，缺乏面对压力、解决压力的方法，进而产生心理方面的危机。

（二）要将价值观引导作为心理干预的重点

危机干预指的是帮助危机中的家庭或者个人的一项技术，通过将个人潜能激发出来，使其心理恢复到一种平衡的状态，简单地说，就是让处于危机中的人，心理恢复到一种平衡的状态。当前，我国高校在心理危机的干预方面提供了很多的方法和策略，并且已经取得了比较大的发展，但是总的来说，还缺乏危机干预意识，相关的经验也比较缺乏，没有合理的对价值干预手段进行引导和分析，从而使价值观得到重塑，使其具有防御心理危机的能力，在心理上进行自我调节和自我控制。过去在对大学生群体进行心理干预时，都是在出现心理危机后进行的，这个时候心理危机已经出现，没有在萌芽状态将心理危机消除，而通过价值观构件引导的心理危机干预系统，是通过对大学是进行引导，然后让其树立正确的价值观，让大学生产生心理危机的抵抗力。此外，传统的干预系统，都是使用一套全面、详细的指标体系评定大学生的心理危机，由于看待问题的角度和认识度存在差异化，导致相同的心理危机会产生不同的判断，不能更加系统、全面的分析遇到的危机问题。心理危机的消除，需要通过当时人不断地进行自我摆脱、自我调节，专业人员只需要根据当事人的实际情况给予帮助和指导，是扮演着辅助者的角色，专业人员根据当时人的偏差采取合理的治疗措施，通过对其进行合理的引导，使其树立正确的价值观，让其可以在心理方面产生防御性，在遇到心理危机时，可以进行自我调节和控制，从而达到解决心理危机的目的。

（三）建立正确的价值观

一个正确的价值观是引导学生建立心理危机防御系统的重要环节，在提高学生心理健康水平，降低学生心理危机方面非常重要，通过对大学生的价值观进行正确的引导，使其建立解决危机的对应机制，具有完善的个体人格，从而建立出顽固的心理防御系统，这是防止个体心理出现危机的一种有效措施。可以从根本上防止和降低心理危机的出现，在提升大学生心理素质，培养健康人格，降低心理危机方面具有重要意义。

一般情况下，大学生的抗拒心理和刺激的承受心理是心理危机形成的主要原因，而心理抗拒力量和承受力量的大小又和大学生心理活动的动力结构系统有密切的联系。作为一个人格的关键部分，大学生的价值观和人生观是组成动力结构的关键，发挥着调解危机和化解危机的作用，人格教育重点是引导大学生做一个什么类型的人，通过对大学的价值观进行引导，让大学生具有坚定的价值观点和人生信仰，具有良好的责任心，可以将社会利益和自身利益紧密地结合起来，将社会利益放于自身利益上，实现自我价值。在情感方面更加的成熟、稳定和乐观，在个体认知方面具有良好的自尊心、自信心和自制力，在意志方面可以更加的果断、坚强和自立；在人格方面具有远大的抱负和离心，具有乐观向上的人生态度，不断的努力追求自己的梦想，不难想象，一个热爱生活的个体，越是执着的追求自己的人生，生活也就会变得更加充实，思维会更加的深刻，思想境界也会提高，情绪会越来越稳定，对社会的认知也会更加敏锐，个体在具备了健全的人格后，就会具有良好的心理状态，心理危机出现的可能性就会降低。此外，对于一个个人来说，一生中遇到挫折和困难是正常的，可能会出现短暂的心理失衡，而通过将个体的价值观内化，可以帮助个体从危机状态脱离出来，实现心理危机的自救，铸造出抵御刺激和抗击压力的人格盾牌。

二、价值观对心理危机进行干预的方法

作为一个系统复杂的过程，价值是在一个特定的环境中，个体在自我意识、自我需求和经验影响的作用下形成的，这些因素的差异性导致个体的价值观也存在比较大的差异化。作为心理构建的基础，价值观主要通过意志力、影响态度、认知方式等方法对心理造成干预。首先，价值观会通过影响态度的方式来对心理危机进行干预，对个体对危机的认识造成影响，可以让人主动进入到客观事物的认识和选择中，不同的个体面对事物时的态度也会有比较大的差异性导致个体产生不同的情绪，所以态度的差异会使个体在面对危机时产生不同的认识并影响个体心理危机的形成。

其次，价值观通过意志力来对心理危机造成干预，对个体面对危机时心理的承受能力造成影响，由于困难和心理危机是共同存在的，个体意志力的强弱直接会对个体抵御外界压力的能力造成影响；最后，价值观会利用认知来对人的心理危机进行干预的，个体生活过程中，表现出来的举止、行为爱好、对客观事物态度的差异性等，除了受到客观条件的限制以外，还和自身的价值观有直接的影响，在追求某些事物时，人们往往会选择和自身价值观念相符合的一些东西，对于和自身价值观冲突的东西，一般会选择放弃，也就是说，人总是做一些对自己具有意义和价值的事情。所以人的个体价值取向，会直接对人的道德标准、行为举止和人生目标造成影响，而且会对人的心理危机发展方向造成影响。

三、文化视角下大学生心理危机干预的措施

为了对大学生心理危机干预的有效性进行提升，开展大学生心理健康教育，提高大学生的心理素质和内在修养，加大大学生的文化教育力度，向大学生灌输正确的价值观念，使大学生可以正确认识人生，不仅可以提高大学生的心理抗压能力，而且可以提高大学生抵御外界压力的能力。

在开展教育工作时，高校心理教育工作人员，要让大学生树立正确的文化观念，使大学生可以更加客观、理性地看待事物，对自身的行为进行规范。在对心理危机进行干预时，要把价值体系的树立作为重点，遇到个体经验和现实生活经验不一致的情况时，个体就会产生焦虑的情绪，如果大学生具有良好的价值观体系，就会对这些外在的因素进行自动抵御，可以更加理性的面对外来的因素。在社会经济的发展下，大学生在生活的过程中，会受到权利、金钱、物质等方面的诱惑，会逐渐将自己所肩负的使命和理想抛弃，生命也的真实意义也逐渐被淡化，价值观发生扭曲。作为培养高素质人才的重要场所，高校要肩负

起人才培养的重要使命，将自身的教育功能充分发挥出来，对大学生的精神生活进行正确的引导，使大学生树立正确的价值观和人生观，当大学生遇到冲突和矛盾的时候，可以更加理性的控制自身的行为和思想，对自身的价值观念进行规范。此外，这种方法可以更好地帮助大学生将心理危机预防过程中遇到的问题解决。

其次，在教育的过程中，大学生心理教学要将心理健康教育作为理论基础，将新的教学理念体现出来。在实际的教育过程中，由于各种方面的因素，限制社会的发展，导致人们普遍认为心理健康教育只是为了将存在的心理问题找出来并进行教育，这种教育方式不仅不会减轻学生的心理负担，而且还会对学生的心理健康造成影响，产生心理上的负担。除此之外，大学生心理教育也主要是集中在负面情绪的消除和心理障碍的消除，很多学生都不知道怎么样培养自身的积极性，所以在开展心理健康教育时，要使用科学的方法对个体教育的价值进行研究，将个体的潜力充分挖掘出来，让学生树立良好的自信心，使学生找到可以快乐生活的方法，在提高学生心理教育，解除学生心理危机方面具有重要意义。

总而言之，大学生心理危机干预是大学生心理健康教育工作的一个重要课题，从文化角度对大学生的心理问题和心理危机进行探讨，可以有效地对大学生的心理健康范畴进行拓宽，提高大学生的危机心理健康理论范围，增强大学生心理干预的实效性。在教育的过程中，高校心理健康工作人员要对自身的观念进行更新，提高对价值观的重视力度，将文化教育对心理危机的干预作用充分发挥出来，使学生身心更加健康。

第三章 新时期大学生心理健康教育教学模式

第一节 慕课与大学生心理健康教学模式

慕课在推进大学生心理健康教学改革上有利于解决师资短缺、营造师生互动、提升教师教学技能、满足学生学习需求。高校可以合理利用慕课信息化和大数据的技术优势，进一步分析当前大学生心理健康课开展慕课教学改革，以此解决在教学理念、教学渠道、教学模式、教学评价上面临的问题。大学生心理健康教育可以融合慕课资源，探索慕课教学方式，建设慕课教师队伍，构建慕课评价体系，从而推进教学改革。

心理健康是学生自身健康成才的必备因素，心理健康教育课也是高校普及心理保健知识、进行心理健康教育的重要平台。在大学生获取知识信息化和德育主体性发展的背景下，大学生的学习逻辑和价值取向呈现多样化，这些发展变化将会凸显出传统心理健康教育课在教学理念、教学手段、教学模式、教学评价方面存在的不足。慕课是数字化时代涌现出来的一个基于互联网及移动互联网的全新在线教学课程模式，作为融合了教育信息化和传授优质教育资源的教学方式，它为心理健康课程教学带来的不仅仅是对优质教学资源的分享，也将深刻冲击着传统心理健康教育课教学模式。借助慕课教学技术对高校心理健康教育课在教学创新与改革中进行积极实践应用，以适应学生的教育需求，显得尤为迫切和重要。

一、慕课在推进大学生心理健康教育教学改革上的应用价值

（一）解决心理健康教育师资短缺问题

心理健康教育课程是高等学校工作体系的重要一环，是全面提高大学生心理健康知识的重要平台。2001年教育部第一次在《教育部关于加强普通高等学校大学生心理健康教育工作的意见》中将心理健康教育纳入高校心理健康教育工作体系。2011年又出台《普通高等学校学生心理健康教育课程教学基本要求》，对大学生心理健康教育课程建设提出了明确的要求与建议，旗帜鲜明地要求各高校开设心理健康教育课程。但是由于心理健康教育往往缺乏专业教师或具备心理学学科背景的教师，或由辅导员兼任，或由其他思政课教师兼任。很多原因造成高校在心理健康教育师资投入受到限制，导致在具体实施中心理

健康课程的教学计划和实际操作之间产生矛盾。在慕课教育革命的浪潮下，心理健康教育课程既融合了"互联网+教育"的特质，又弥补了传统课堂教学的不足。高校通过自愿结成长期可持续性的心理健康教育课程联盟，充分整合各高校优质课程资源，建立基于"在线学习+线下实践"的大学生心理健康教育慕课跨校共享课程。这种心理健康教育慕课教学模式充分利用信息化手段，突破了授课时间、授课地点、任课教师等传统心理健康教育模式带来的诸多限制。借助优质视频网络课程、优质教学资源、优秀教师等学习资源支持，有效地解决了各高校心理健康教育师资短缺的问题，使慕课成为师资短缺的一种良性补充。

（二）营造心理健康教育师生互动情景

慕课充分利用信息化和网络化手段建立课程网络平台，搭建师与师之间、师与生之间、生与生之间互动交流的新途径。积极尝试课堂和课外互联、线上和线下互通的混合教学模式，有利于营造心理健康教育课堂内外相结合的师生交流情景。具体表现为：在线上，借助在线平台集中优势资源，对学生进行心理健康知识传授。并且针对学生在学习中遇到的各种问题，利用虚拟讨论区、易班、微博等社交网络，迅速及时地为同学答疑解惑、互动交流、帮助解决心理困惑。同时。可以通过生生之间的在线交流，实现同侪互助。在线下，课堂教学实践是学生面对面交流的一种主要形式。教师不仅需要对"线上"学生询问较多的心理健康共性问题进行详细解答，而且要以学生在学习生活中各种认识和问题为切入点，引导学生自发地投身到课堂实践活动中去。通过小组讨论、活动体验、问题解答等互动课堂教学内容，启发学生在课堂实践中把心理健康知识与生活中遇到各种实际问题结合，积极主动地和教师及同学进行讨论与交流，共同解决问题。所以心理健康知识内化是通过课堂中师生间的良性互动而完成。教师和学生有更多时间进行一对一的交流，学生与学生之间通过生生互助得以齐头并进，使慕课成为师生互动的促进剂。

（三）提升心理健康教育教师教学技能

慕课是大规模在线开放课程教育平台的简称。慕课作为融入了信息化、网络化、数字化等技术优势的教学模式，改变了传统心理健康课教师教学理念，促进了教师技能发展，大大提升了以信息技术为核心的教学技能重塑。一是提高教师利用信息技术进行教学设计的技能。慕课通过融入信息技术，为师生搭建了一个在线学习与课堂学习相结合的全新平台。心理健康课教师应发挥主观能动性，运用网络技术和多媒体技术介入课前"微课程"的设计与制作，从技术上促使课堂内容更吸引人；介入课后的体验课程，从技术上构建更民主的课堂。二是教师利用移动互联网技术拓宽教学形式的技能。慕课教学依托互联网在线学习以及富媒体学习支持，使课堂教学由单调乏味转为生动活泼。采用混合式教学的形式，包括微课程、跨校直播大课、见面互动等。三是提高教师利用信息技术进行课堂辅导的技能。教师应能够充分利用自己的社交媒介参与线上课程互动活动。教师的即时帮助、学生的互动交流，有助于知识内化。相对于课堂教学，线上教学更加贴近学生。以微信公众号的形式组合手机直播课、弹幕互动、在线答题等，把心理健康课堂延伸到移动终端上，让学生快乐学习。四是提高教师利用信息技术创设教学互助的技能。教师之间通过学习、观摩其他教师的教学课件和教学视频，促进教师同侪互助。

（四）满足学生对心理健康教育的实际需求

开展心理健康教育课。一是要通过心理学的有关理论和基本概念进行有目的的引导。课程以关注大学生在现实生活中遇到的各种认识和困惑为着眼点，以提升全体大学生心理保健素质为目标，推动大学生尽快适应大学生活；二是要满足于大学生自我学习、积极进行自我心理建构的需求。心理健康教育慕课在线学习平台突出以学生为中心的教与学，同时满足大学生主体个性化学习的需求。心理健康教育课教师要将心理健康教育的知识点与大学生实际问题结合，把教材转化为碎片式知识点和片段化讲解混合推进学习，为学生自主选课提供新途径。一方面，"互联网+"时代的心理健康教育课教学不能再照本宣科"满堂灌"。课程要符合移动互联网时代大学生的认知规律和注意力模式，突破课堂讲授的瓶颈，建立一个学生自主选择适合自身需求的"走班制"学习组织方法，从而调动学生的主动性和积极性；另一方面，学生也可以有的放矢地选择与自己相适宜的心理课程，满足学生个性化心理服务。此外，心理健康教育课借助网络在线学习平台，为学生提供了随时随地的移动学习支持。打破了课堂讲授的教学藩篱，学生可以充分利用任何闲暇时间，应用各种数字化媒介获得丰富的课堂体验。

二、大学生心理健康教育教学改革之思

（一）教学理念转向之思：以教师为中心的教学理念滞后

传统高校心理健康教育课教学理念是以教师为核心。教学过程主要强调的是教，教师把握着绝对的主动权，以教师在课堂上普及教材上的心理健康知识、心理调适方法为教学主体，学生处于被动聆听讲课的学习状态；以教师在课堂内外组织心理健康教育课程实践活动为实践主体，学生处于被动外部刺激的参与状态。在这种以教师为核心的教学理念下，教师是心理健康知识普及的主导者、传授者，学生则是心理健康知识被动的接受者、受教育者。它的优点是有利于教师按部就班地完成学校规定的教学任务，并且保证了心理健康教育的通识性和普及性；它的缺点则是教学活动完全由教师主导，忽视了心理健康教育的目的并不是简单的理论知识普及，而是通过学生发挥主观能动性，自主了解心理健康知识并内化为心理保健意识，外化为自我调适。同时，它与"互联网+"教育时代下的学生个性化学习需求相矛盾。心理健康教育课教师按照教学计划单向度对学生授课，没有考虑到大学生个体心理知识需求的不同，忽视了学生是学习主体。因此，教师应该主动适应时代的变革，将"以教师为中心的教"变换为"以学生为中心的学"。从而使得学习的主动权由教师转移到学生，不断提高学生参与心理健康课程教学活动的参与度，完成提升教学实效性。

（二）教学渠道转换之思：以课堂为主体的教学渠道片面

作为主渠道的心理健康教育课程虽然保证了学时，覆盖了全体学生，但仍存在局限性：一方面，它所提供的活动空间、实践机会有限，无法延伸到学生的学习生活之中；另一方面，心理健康教育是系统工程，课程教学所取得的成果，还需要再回到实际生活中进行深化实践。移动互联网的出现，引发了传统课堂教学渠道的创新与变革，一定程度上突出了以课堂为主体的教学片面性。主要表现为：传统课堂上，教师故步自封为心理知识的权威，通过"满堂灌"向学生灌输教材中学生可能出现的某个心理问题的相关知识，忽略了不同学生对心理知识需求的个体差异。课堂中，师生互动交流程度明显不足，弱化了师生关系。教师成为课堂"教什么"的主动决定者，学生则变为课堂"学什么"的被动接收者。课堂沦为教师施展"一言堂"的讲台，学生只需要带着耳朵充当好听众的角色即可；抑或是教师领导学生开展游戏的舞台，学生只需要按照规则参与其中充当好参与者的角色即可。这种按部就班的课堂教学，使得学生难以发挥自身主观能动性而获取参与感，师生之间平等的关系被弱化。课堂后，教学效果难以实时诊断，无法追踪反馈。心理健康课程所讲授的心理学知识点和调适心理方式，指导解决实际心理问题需要外化到内化的过程。教师只通过课堂发言和课后作业很难了解真实的教学效果，课后教师与学生之间沟通渠道较少，因此也就不可能做到课后追踪帮助学生解决心理问题。

（三）教学模式转型之思：以班级为组织的教学模式局限

传统的心理健康课是以班级为组织样式的大班授课制教学模式，其在具体应用中显现出以下不足。一是书本的个别化和个性化难以展现。以书本为中心的教学模式，教师依赖于教材教学，将书本上的知识点设计到PPT上展现教学内容。这样以书本为"一刀切"的教学内容，忽视了学生个体心理发展的差异性，同时也不能满足学生个性化需求；二是教师的互动性和吸引性难以提高。以教师为中心的教，教师基于自身出发提供教育，将互动交流设计为提升学习效果的教学方法。在实际教学中受课时限制，占用课堂学时的互动交流被切割成小模块；三是课堂的自主性和积极性难以实现。以课堂为中心的学，将单向的知识灌输设计为实现教学目标的主渠道。在整个课堂教学过程中，学生不需要自主选择"学什么"。处于被动接收心理知识灌输，被动参与游戏环节。不平等的课堂关系、不自主的课堂选择，间接导致了学生积极性被磨灭；四是班级的时间性和空间性难以扩展。以班级为组织的教学模式，将教学时间和教学地点设计成固定学习方式。一群学生围绕着一个教师，需要在固定的时间、固定的教师、固定的课时内完成课程学习，固定的时间和空间限制了学生的学习时间和学习地点。

（四）教学评价转变之思：以考试为核心的考核方式单一

大学生心理健康教育是应用性很强的一门学科，它的考核方式应该有别于其他课程。它不应该只是关注知识考察，更应该关注学生的心灵感悟和行为成长。但是，目前很多高校设置的心理健康教育课程考核方式，仍然停留在以考察形式为主、考试为辅的传统考核方法。在实际的心理健康教育过程之中，教师的"教"主要是传授心理学相关知识点，而学生的"学"主要是以通过考核为导向的。考核要考哪些知识点，学生就着重看哪些知识点；考核要做哪些实践内容，学生就完成哪些实践内容。而对于与考核无关的课程部分，学生根本不会正视，甚至于不予理会。传统的心理健康教育课程考核评价，注重的是考核对象的分数分等鉴定。主要服务于学生考核以及教师对学生学习效果等评判的目的，是一种以判断优劣的总结性评价活动。随着高校实施素质教育，传统的考核评价方式已经不适用以学生为中心的教学模式。其一，心理健康教育是集理论性和应用性为一体的总结性课程，单纯地以考察的方式来衡量学习者的学习效果，不能得到对教学效果的有效评价，也减少了学生对心理课程重要性的认可度；其二，心理健康教育是在普及心理学相关知识点的基础上，更加侧重引导学生积极进行自我心理构建。仅仅从考试的方式来评定学生的学习效果，对所有学生采用相同的试卷，这样就忽略了学生在心理健康教育课学习的自主性和主体性。

三、以慕课促使大学生心理健康教育教学改革的实现路径

（一）努力融合慕课教学资源

心理健康教育课最重要的一个环节就是教学内容，贴近大学生思想和生活实际的高质量教学内容，能够提高课堂教学的实效性。而枯燥无聊的书本教学内容，容易造成课堂气氛沉闷。心理健康教育课可以在完善传统心理健康教育课教学内容的基础上，精细设计和合理使用优质的慕课教学资源，弥补教材固定模式和教学固定方法的不足。因此，可以通过有效地融合慕课教学资源，为心理健康教育课提供资源支持。首先，利用"互联网+"教育的理念和方式，整合高校心理健康教育名师教学资源。对同一个教学内容，不同的教师会从不同角度解读相同的知识点，运用不同的教学方式，汇聚名师教学指导力量，努力丰富高校大学生心理健康课教学内容的多样性。其次，在"互联网+"信息化的背景下，在心理健康教学课程中应用创新的慕课工具和技术。慕课以短视频、图片、音乐等教学元素向同学发布，增加教学的趣味性，并借助在线学习平台、手机直播课程、交互式练习、讨论区等教学模块，增强课程对学生的吸引力，满足个人主体差异化学习需求。

（二）主动探索慕课教学模式

移动终端设备的普及为学生随时随地学习心理知识、缓解压力提供了一种移动式的心理在线学习工具，应构建出符合移动互联网时代，适应学生学习行为和习惯的心理健康教育慕课教学模式。由于高校心理健康教育课在高校课程建设中存在其自身特殊性，因此，高校心理健康教育课教学模式构建的总体思路是：以信息化为突破口，主动探索出深度融合全慕课教学、翻转课堂、线上和线下混合式教学模式相组合的，适合本校心理健康教学实际的慕课教学模式。搭建"线上教学+线下教学"相结合的教育方法，线上教学主要包括微视频、进阶式测试、互动交流的方法，帮助学生理解和掌握心理健康知识；线下教学

主要包括组织线下见面会、实践活动、游戏等，促进学生养成自我学习的能力。从教学评价来看，在线上的进阶性测试中，客观题主要采用机评。这样能够及时反馈给学生，查漏补缺。线上的主观题可以采用小组互评和教师评价相结合的方法，这样能够建成互助评价小组。在线下的教学中学生可以依照发现问题、解决问题、实践活动等情况，对其他同学进行同伴评价。最终对学生动态生成集形成性、评价性、诊断性和总结性于一体的教学评价方式。

（三）加强建设慕课教师队伍

心理健康教育慕课建设需要教学系统发挥协同作用，慕课在心理健康教育课的应用离不开教师主体意识发挥。一是心理健康教育教师个体要努力转换传统教学观念。不断学习现代教育理念，在教学内容上要注重学术性和实用性的统一，推进优质心理健康教育慕课资源与大学生的生活实际相结合，形成内容丰富、问题反映现实的课内外教学内容。在教学方法上要注重科学性和趣味性的统一，促使科学的教学方法与趣味性的游戏、心理测验相结合，从而确立以生为本的教学观。二是提高对学生的认知理解。教师要尊重学生的主体地位，研究学生的学习状况和现实环境实际，掌握学生的学习规律、接受方式、存在问题等，进而对症下药。三是提升自身的综合素养。一方面，需要教师不断完善知识结构。由于心理健康教育具有很强的理论性和专业性，这就需要心理健康教育课教师要有扎实的理论基础；另一方面，需要教师提升自身信息素养。培养从慕课资源中筛选出课程教学有效信息的能力，并将有效的教学信息应用多媒体技术进行辅助教学设计，从而强化心理健康教育慕课教师队伍建设，提高体现以学生为中心的教学主导作用下的教师能力，确保心理健康教育慕课教学质量得以提高。

（四）积极构建慕课评价体系

心理健康教育课的教学评价对教学发挥着重要的指引、监督和激励作用。心理健康教育慕课应该把慕课教学模式与传统教学模式相结合，贴近学生生活实际的开展教学活动，最大限度满足学生对心理健康保健知识的需求，达到较好的教学实效。高校构建心理健康教育慕课评价体系，可以提高教学团体的教学质量，并且能够最大程度发挥各类教学资源的效力，从而不断促进教师的科学发展和学生的全面成长。借鉴慕课的理念和方法，心理健康教学模式的改革也需要适时改变传统考试以分数评价教学效果的考核方法。在心理健康教育课教学评价中要做到全覆盖、突重点，引导学生将心理健康知识内化为解决实际心理问题的能力和行为习惯。尝试把构建心理健康慕课评价体系划分为：一是注重评价主体平时表现，形成师生双主体的共同参与考评，切实保障教学评价服务于学生对心理健康知识学习的需求；二是注重学生评价反馈，要扩展心理健康教育课服务育人的功能，无论是线上还是线下教学中遇到问题，及时反馈；三是注重案例分析和实践活动行为总结，考核学生对心理健康知识和心理调适技能的应用情况，全面评估学生实践能力和素质；四是创建基于慕课的多元化考核平台，做到及时、有效、客观、全面地评价心理健康教育课教学效果。

第二节 大学生心理健康教育课程教学模式

"以学为中心"的大学生心理健康教育课程教学模式是基于建构主义提出的"以学为中心"教学理念,结合大学生心理健康教育课程特点和"以学为中心"教学理念应用的现状,对大学生心理健康教育课程的"以学为中心"教学模式及实施关键点等方面进行分析研究。通过课程教学模式的转变,基于"以学为中心"的理念,提出充分调动学生学习心理学的积极性,实施多样化的教学辅助方法,设计合理的课程考核评价机制,以科研带动教学水平提升,加强大学生的学习观教育等措施,进而提升教与学的效果。

"大学生心理健康教育"是本科高校学生进入大学学习的一门公共基础课,是针对大学生心理健康问题以及心理发展特征进行研究的科学,是兼具理论性和实践性的一门课程。该课程的开设目的主要是帮助当代大学生明确心理健康标准及心理健康的重要性,学会认识和预防自我心理健康问题,掌握并应用心理健康相关知识与自我调节方式,切实提高大学生的心理素质,促进大学生健康成长与全面发展。然而,目前因课时少、人数多等的限制,多数高校的心理健康课程依然采用传统的"讲授式"授课方式,缺少课堂互动,导致课堂"低头族"现象严重,进而无法收到较好的教学效果;课程的部分内容理论性较强,部分学生很难理解相关知识点,因课时有限,很难实现心理健康专业知识的教学目标。此外,心理健康课程的授课学生群体来自不同专业的学生,对心理健康的专业知识体系掌握得不够透彻,且往往也不重视该科目的学习。因此,心理健康课程教师亟须探索新的教学模式提升学生的动机、学习兴趣,改善课堂氛围,提升教学效果。

"以学为中心"的教育理念,因其更注重学生参与教学的主动性、学习过程的互动性以及学习效果的测评与检验,很受教育界和学者们的重视。教师在应用"以学为中心"的教学理念时,更需要提前掌握"以学为中心"的理论基础;在设计课程时遵循"一致性构建"的原则,将课程目标和课程产出紧密联系起来,才能强化学生自主学习能力和实践能力的培养。

一、"以学为中心"教学理念的理论基础与现状分析

(一)"以学为中心"教学理念相关的理论基础

对于"以学为中心"教学理念在课程教学中应用的研究,不仅需要充分理解"以学为中心"教学理念的内涵,更需要心理学家让·皮亚杰、杜威、维果茨基和费洛姆等人的理论作为教学理念应用的有力依据。让·皮亚杰首次提出了认知发展理论,该理论主张儿童的学习过程是逐渐相互作用,不断构建,受到新刺激后会从不平衡状态达到恢复平衡状态的过程。他曾提出,教师不仅仅是一个讲授者,更是善于激发学生主动探究未知事物的导

师；杜威则提出了"新三中心论"，即儿童中心(学生中心)、活动中心、经验中心，他注重学生与环境的互动，认为教育即生活、生长和经验改造；维果茨基则提出了社会文化发展理论，重视儿童和所处社会的相互作用，即社会交往在学习中起着重要作用；费洛姆则关注对于心理健康问题的研究，尤其是"创造性的人"的心理特征研究，提出了动机理论，并认为所有都是被高层次心理所激发的，心理健康的人是以创造性的方式满足自我，而阻碍学生潜能在发展过程中得到充分发挥的根本原因是社会上存在着问题心理以及不合理现象。这些理论充分提高了学生自主学习的重要意识，强化了师生与教学环境的互助关系，并对于"以学为中心"教育理念应用于大学生心理健康教育课程教学起着重要的理论指导意义。

(二)"以学为中心"的现状分析

1. "以学为中心"的学生学习

"以学为中心"教学理念是围绕着学生学习展开教学，它需要根据学生的学习态度、特点和能力来设定教学目标，并有针对性地实施教学。所以"学"是学生主导的自主行为，学生本身既是学习的执行者和主导者，也是教学效果的最终体现者。从当前本科高校的"以学为中心"学生学习现状来看，尊重学生主体地位和学习过程的意识已经提高，但在实际落实上还有很多困难：①每所高校在进行各地区生源招生时，学生的学习能力和学习状态存在差异性，例如大家普遍认为山东学生勤奋好学，部分地区学生的自主意识较差，这种差异化学习状态是"以学为中心"落实不到位的重要阻碍。②高校中存在学生的学习心态问题，有些学生学习只为期末高分或及格的心理期望，缺少对知识由心而发的获取感，这直接会影响"以学为中心"的学习效果。③很多学生已经习惯性地接受"以教为中心"的学习方式，很难转变成"以学为中心"的学习思维模式。④当前高校学生普遍存在着自觉性和自律性差的问题，他们缺乏积极的学习态度，不愿花费时间用于课前预习和课后复习，这直接会影响"以学为中心"的学习进程和效果。

2. "以学为中心"的教师教学

在传统的"以教为中心"的教学中，教师在课堂上占有主导地位，对于课程设计也是以"我教什么""我如何安排教学内容"等的范式思维开展教学。相对而言，"以学为中心"是以学为中心的学习，根据学生特点和课程条件实施有针对性的教学实践。教师在"教"上的付出，只为学生更好地参与学习并获得成效。从目前的"以学为中心"的教师教学情况来看，虽然大家都认同"以学为中心"的教育理念，但事实上学生和学习的中心地位远远没有落实。首先，很多教师从心理上并没有做好从"我教什么"到"学生学什么"的角色转变，教师本位的思想直接影响着"以学为中心"的教学实践过程。其次，教师的综合素质难以达到"以学为中心"的教学效果。有些教师并未真正领悟到"以学为中心"的教学内涵，也不清楚什么样的课程教学方式才是"以学为中心"，甚至有些教师缺少自信和安全感，依然愿意以传统的方式掌控学生和教学课堂，这成为"以学为中心"教学的关键性影响因素。再者,"以学为中心"的教学理念没有做到一致性构建,有些教师只是在教学形式上强化了学生的主动性与参与性,但是没达到教学效果;还有些高校只是在课程考核评估上贴上了"以学为中心"的标签,并没有真正做到"以学为中心"。最后,很多高校教师由于科研压力过大导致心理健康指数下降,出现职业倦怠等现象,还有些教师根本不愿意花费精力去改变课程教学方式,在思想上认为"我累学生也累",这对于"以学为中心"的教学改革提出了很大的挑战。

二、"以学为中心"的大学生心理健康教育课程教学模式

"以学为中心"的大学生心理健康教育课程教学模式是指在大学生心理健康教育课程的实践教学中,注重以学生为主体,结合学生的学习特点和学习心理,根据学生的需求动机和差异性,从学生学习和获取知识的视角,来进行教学目标、教学内容和教学方法等方面的教学实践设计。教学实践过程不是教师要教什么的过程,而应该考虑"学生应该学什么""如何能够学得好"等问题,让学生主动参与获取知识的发现过程。

(一)教学目标的设定

"以学为中心"的大学生心理健康教育课程的教学目标要根据教学大纲的要求,充分考虑学生在学完该课程后将获得什么,设定与学生的学习目标进行有效融合的教学目标,让学生在心理健康教育相关知识体系的构建过程中将新理论与学生原认知的理念相联系,不断更新图式,达到有效果的学习,从而实现教与学的有机结合。针对大学生心理健康教育这门课程,进行教学目标的细化:一是构建学习型课堂,主张学生进行心理健康教育相关理论知识的理解学习,对所获得的知识进行理解和判断,引导学生树立自我学习意识;二是运用理论知识解决实际问题,通过自主学习与理解,掌握大学生心理健康教育知识体系中的基本理论等知识点和大学生常见的心理问题与预防方法,并能坚持长期性吸收知识,灵活地学以致用,应用所学的心理健康教育相关理论解决实际日常心理问题,实现理论与实践教学的有机结合。

(二)课前师生的教学准备

在"以学为中心"大学生心理健康教育课程教学模式的实践过程中,课前准备不仅仅指教师的课前准备,还有学生主体的课前准备。从教师的角度来说,"以学为中心"教学理念要求教师在课前准备过程中,认真分析大学生心理健康教育课程教学大纲,总结分析该课程的教学重点和难点,将"学生学习什么""怎么学""学习达到什么标准"等方面充分考虑到,做到每一方面心理明确。在此基础上,充分了解和分析该课程学生的学习情况、学习特点以及对知识点认知的程度与规律,准确地掌握学生可能在自我学习过程中遇到的问题和误区。教师只有进行上述课前教学准备工作,才能提高对"以学为中心"大学生心理健康教育课程教学实践的课堂调控度和驾驭能力。从学生的角度来说,"以学为中心"教学理念要求学生做好充分的课前学习准备工作,根据教师的预习要求,进行该课程结构

框架的梳理、重难点记录、知识点前后衔接等，以便更快地参与教学内容的学习中。

（三）课堂内教学环节的设计

"以学为中心"大学生心理健康教育课程教学模式，在课堂教学整个过程大致包括五个环节：课前回顾与检测、核心知识教学、学以致用、学习问题交流、学习成果检验。通过这五个环节的设计，让学生积极参与自主学习活动中，进而有效地提高教学质量和教学效果。课前回顾与检测是指在上课初期，利用不到三分钟的时间进行上节课知识点回顾，并检测新课内容的预习情况，督促学生养成课前自主学习的好习惯。在这个环节上，可以采用问答以及纸质版考题的互动方式，判断学生对新课的掌握程度；核心知识教学是指教师引导学生进行核心概念、术语及理论内容的自主学习。核心知识教学的过程，是充分融入"以学为中心"教学理念的核心环节。教师根据大学生心理健康教育的核心知识点由浅入深地进行引入，针对重点、难点问题采用讨论、案例分析、视频播放等多样化教学方法，激发学生对学习内容的求知欲，营造积极活跃的课堂教学氛围。对于心理健康教育相关概念、现象和规律的阐述，教师可以让学生能够用自己的语言表达出来，帮助学习吸收知识；学以致用是指教师结合学生对新知识的吸收程度，让学生对课程重点难点以案例分析、小组汇报等形式进行知识点巩固，运用所学的知识解决实际问题；学习成果检验主要是指在课程临近结束时教师以问答、笔答等形式进行本节内容的学习测评，充分将课程目标与课程产出紧密联系在一起，检测学生听课效率和自主学习能力，并根据结果进行教学反思与改进。

（四）课后自主学习引导

"以学为中心"大学生心理健康教育课程教学模式，不仅要求在课上教学过程中强化学生的学习自主性，还需要引导学生将课上有限时间内的学习内容进行课后长期性的学习反思。首先，教师针对每节课的重点内容布置开放性思考题，以小论文的形式上交作业，提高学生分析问题和解决问题的能力，提升学生自主学习和终身学习的意识。其次，结合下节课的预习内容，分小组进行内容展示，并且主要选择语言表达能力不强、上课互动较少的学生群体进行展示，积极引导他们互相学习，共同分享学习成果。最后，通过课外导学的方式，引导学生进行相关专业文献和扩展资料的阅读，加深师生互动关系，教师可以结合自己的课程研究领域对学生进行科研指导，积极鼓励学生参与科研，在提高学生科研创新能力的同时加深学生对于理论学习的延伸，真正实现教与学的有效结合。

三、推进"以学为中心"的大学生心理健康教育课程教学模式的关键

"以学为中心"的教学理念，不仅注重学生学习自主性和积极性的培养，更要求教师紧密围绕学生进行课程设计，让学生能够更加有效地学习。因此，有效推进"以学为中心"

的大学生心理健康教育课程教学模式的实施与应用，全方位教学对策的提出是落实"以学为中心"教学理念的关键。

（一）充分调动学生的学习积极性

"以学为中心"的教学理念的核心是让学生更有效地参与学习中，所以需要教师充分调动学生的学习积极性。对于大学生心理健康教育课程，调动学习积极性的关键在于引起学生对课程的兴趣，即求知欲。大学生心理健康教育课程的教材编写偏于理论性，主要阐述心理学家的经典理论，很难激发学生的学习兴趣。因此，调动学生学习心理学课程积极性可以从两方面着手：一是教师要将理论点与具体实践案例相结合，在讲授经典理论时联系学生感兴趣的社会热点问题，增强学生对理论的理解，培养学生应用心理学理论知识分析实际问题的能力，形成良好的思维意识；二是在课堂教学时充分发挥学生的主体性地位，引导学生积极参与课堂互动和学习讨论，着重培养学生的学习热情和好奇心，变"被动"为"主动"，将"教"与"学"有效地融合在心理学课程教学中。

（二）实施多样化的教学辅助方法

"以学为中心"的大学生心理健康教育课程教学模式不仅仅是学生自主学习获取知识的过程，也是师生合作学习的过程。在这个教学模式实施的过程中，实施多样化的教学辅助方式，增强课程的趣味性和实践性，有利于达到最好的教学效果。对于该课程来说，不同的章节可以交叉采用不同的辅助化教学方法，其中能够更好地体现"以学为中心"教学理念的教学方法有两种：一是案例分析法，即把心理健康相关的理论知识点以实际案例的方式引出问题，通过生动的经典案例解析，让学生更切实地掌握其理论知识，并能与日常实际问题相结合，获得剖析和反思问题的能力；二是情景教学法，即把大学生常见的心理健康问题及影响因素的理论知识，通过某种情景设定，让学生把所理解的知识点内容用情景剧的形式表演出来，亲身感受其情感内容，又能增添课堂的乐趣，以实现更有效地学习并运用理论知识的教学目标。

（三）设计合理的课程考核评价机制

目前，绝大多数高校课程考核评价较为单一，注重考试成绩，缺少整个学习过程的考评，没有充分发挥出"评"的效用。"以学为中心"的大学生心理健康教育课程教学模式，不是单一地对课程设计强化以学生学习为中心地位的理念，还需要配套合理的课程考核评价机制。也就是说，大学生心理健康教育课程的"以学为中心"教学实践过程中，需要将其教学理念融入整个教学过程中：课前备课、课内表现、课后作业和期末考试。因此，形成科学合理的课程考核评价机制，是推进"以学为中心"教学模式的关键。在"以学为中心"的大学生心理健康教育课程教学模式下，可以从以下三个方面着手设计课程考核评价机制：一是课前考核，可以利用互联网搭建课前考核平台，以问题为导向进行考评，这作为课程考核中的一小部分，检测学生的预习效果，让学生提高课堂上对知识点的兴趣和重视程度；二是课中考核，根据学生的课堂互动、主动表现、学习质量检查等多方面表现情况作为主要评估方面,这作为课程考核中的一部分,激发学生主动参与学习的热情;三是课后考核,主要根据学生期末考试以及预留作业完成情况等方面进行综合考核,将此作为课程考核的核心部分,鼓励学生课后更长时间的学习,做到全面考核学生学习行为和学习效果。

(四)以科研带动教学水平提升

在实施"以学为中心"的大学生心理健康教育教学模式过程中,教师要注重提升个人的科研水平,把个人研究领域的科研成果适当地融入心理健康教育课程体系中,与学生共享科研成果,这不仅可以激发学生参与科研的积极性,还能锻炼学生在科研领域的实践能力,如查阅资料、文献学习、论文构思与写作、分析问题等能力。在实施课程教学时,把与课程知识点有关的科研成果,将学生分组一起探讨,由浅入深地进行讲解。可以采用课程作业的方式将科研内容分小组布置,教师主要指导学生关于研究方向的确定以及研究过程中问题的解决,并根据学生科研情况进行课程考核。同时,教师可以根据课程相关科研方向,指导学生进行社会调研,分析并总结调研情况,师生合作进行科研,并将部分科研成果转化为教学内容。这样不仅可以丰富课程教学内容,还能调动学生主动参与学习科研的积极性,有效地实现科研教学质量和水平的提升。

(五)加强大学生的学习观教育

"以学为中心"既是指学生的中心地位,又是指学习的核心地位。对于学生而言,学习并非是被动接受知识的过程,而是知识的自主选择者。在教学实践中要想真正落实"以学为中心"教学理念,关键在于强化当代大学生的学习观教育。树立正确的学习观,不仅可以更好地诠释教师、学生与知识的内在关系,还能让学生明确自己"该学什么""怎样学"以及达到怎样的标准,进一步推进教学质量的提升。当代大学生缺少主动学习意识和良好的学习态度,根本原因在于没有形成正确的学习观,进而直接体现在学生的学习质量和学习方式上。因此,在高校大学生人才培养的过程中,要切实加强大学生的学习观教育,引导他们树立正确的学习信念,唤醒他们学习的主动性和兴趣点。具体来说,加强大学生学习观教育,从教学课程设计、教学管理、思想政治教育以及教育活动等多方面着手,全面落实"以学为中心"的教学理念,例如定期举办心理健康教育的学习讲座和交流会,邀请专家为学生讲授有效的学习方法,课题上进行全方位的学习过程管理等。

本研究梳理了"以学为中心"的理论基础,并探讨了"以学为中心"的大学生心理健康教育课程教学模式,为有效推进"以学为中心"的大学生心理健康教育课程教学模式的应用提出了诸多可行措施。未来可在本研究的基础上结合"互联网+"的智慧教学工具进行实证验证,进而更加助力"以学为中心"的教学理念的实践应用。

第三节 大学生心理健康教育课堂教学模式

大学生心理健康教育工作是我国高校普遍重视的一项系统工程。高校在认真总结心理健康教育工作的有益经验，不断推进大学生心理健康教育的同时，应当根据新时代大学生的心理特点和发展规律，不断探索总结出新的工作思路与教学模式，从而更有效地推动高校大学生心理健康教育工作。

一、美育的功能及其重要性

美育的功能，即树立和培养正确的审美观，形成欣赏美、发现美、创造美的能力，并在润物无声中与其他教育功能相辅而行。作家车尔尼雪夫斯基曾经说过这样一句话："生命是美丽的，对于人来说，美丽不可能与人体的正常发育和人体的健康分开。"美的东西与人生的幸福和欢乐相连，人们在认识与追求美的过程中，内心丰盈得到满足，将会产生积极的审美情感体验，进而内化为积极理智的情感。如：爱与希望、光荣感、认同感、求知欲、责任感、自信感、道德感等，并对自然万物充满兴趣，充满朝气。

美育的重要性，在大学生心理健康教育中的体现尤为突出。2018年9月10日，习近平总书记在全国教育大会上的讲话中强调，要全面加强和改进学校美育，坚持以美育人、以文化人，提高学生审美和人文素养。取美育形式之一——美术作品，可以不同角度、不同内涵的艺术形象帮助大学生认识现实与虚幻，理想与斗争，历史与发展等关系，发展并提高形象思维和创造思维的能力，使他们在受到生动的思想品德教育同时，促进政治品质、道德面貌以及思想感情健康成长。此前，习近平总书记在给中央美术学院教授们的回信中就曾谈及："做好美育工作，要坚持立德树人，扎根时代生活，遵循美育特点，弘扬中华美育精神，让祖国青年一代身心都健康成长。"通过美育以及美的渗透，大学生能够扩大和加深对客观世界的正确认识，产生积极正面的影响，至美也是至善的，有了真正的"美"，"真"与"善"也会随之而来，与之为伴。

随着社会的发展，越来越多的青少年心理健康问题暴露出来，如何上好大学生心理健康教育这门课程，真正有效的让大学生听得进，想得通，做得对，行的远，美育大有可为。

近年来，在人们物质生活日益丰富之时，部分大学生空虚迷茫的精神生活与之形成了巨大的反差。随着"00后"一代步入大学校园，有心理困扰的大学生逐年增多，大学生心理健康教育问题受到社会的广泛关注。

大学生作为社会发展的力量与希望，应当情绪心境积极饱满，求知愿望浓厚强烈，意志品质健全顽强，具有良好的心理素质。但从目前来看，大学生却在心理上存在较多问题，这些问题主要体现在五个方面：首先，学习问题，大学生的学习动力，尤其对于刚进校的大一新生，高考结束进入大学独立生活，没有明确的学习目标，学习动力不足，也不善于合理分配时间，对于成绩仅仅满足于及格，所谓学习只是为了应付考试，一些学生不再像高中一样重视学习，学习态度差。其次，人际关系问题，对于大学生而言，学会如何与周围的同学建立友谊，是人生的一节必修课，与高中时期相比，学生对人际关系的重视远远超过了对学习的关心，大部分性格开朗、生活态度乐观的学生能够从心理上正确认识自己，悦纳自己，可以适应外界环境的变化，能够适应大学生活，但是也有一些学生，尤其是家庭情况较差，学习成绩落后、身体残疾或性格缺陷的学生，他们会在大学中更易感到孤独自卑、苦闷痛苦，交友面很窄，只是自己的老乡或是寝室同学，很难与陌生人沟通，遇到矛盾也容易激化问题，不善处理；第三，恋爱与性心理问题：恋爱与性问题是大学生不可避免将会遇到的问题，一般包括单相思、恋爱与学习的平衡、分手后极端的处理方式、发生性行为后引起的焦虑、担忧、恐惧等不良情绪。一些大学生为了追求刺激、消除寂寞，或是从众攀比，在恋爱时很少考虑未来及后果，甚至有一些学生误把好感当作爱情，选择伴侣时只是因为外貌、物质条件或是对方在校园里的较大影响力而追求对方，很容易上当受骗；第四，性格情绪问题：这部分主要是与学生的家庭环境和成长经历有关，也是大学生中较为严重的心理障碍，主要表现为抑郁、焦虑等；最后，求职与择业问题，这是高年级学生中较为常见的问题，即将毕业踏入社会的学生，在入职适应期的过程中往往都会感到焦虑和担忧，近年来，随着就业形势越来越严峻，一些心理承受能力较弱的大学生心理压力过大，以至于产生失眠、抑郁等心理疾病。

可见，大学生在心理健康问题方面需要更多的关注与理解，学生的心理素质有待提高。产生这些心理问题的原因，除了少数生物学因素和心理因素的影响，社会因素是大学生心理健康问题的主要成因，包含家庭、学校和社会三个方面，其中学校的校园环境、授课方式、学生学习生活模式部分，应该是高校心理健康教育工作中最能采取积极应对措施的环节。

二、心理健康课程课堂教学改进

从新闻里我们常常能看到一些受过高等教育的年轻人，因为心理健康问题，情绪崩溃，伤害自己，伤害他人，在学校里分数往往成了最具说服力的标准，但其中也不乏一部分课程考满分，道德、人格无法及格的学生。对于现在的大学生而言，接受新事物的途径多而杂，获取的信息内容良莠不齐，很容易接触到一些庸俗、媚俗，甚至低俗的大众文化，如果没有足够的文化积淀与审美素养，明辨是非，站稳脚步，这些内容将极大地侵蚀大学生的人生观、价值观。久而久之，大家对审美趣味的理解将趋于平庸浅薄，美丑不分。"面对大众消费文化盛行带来的人们精神生活领域的种种问题，应当强调将美育融入学校教育，进而融入学生的人生价值观。在大学生消解目前社会生活中存在的"商品崇拜""金钱崇拜"意识的负面影响、克服平庸浅薄、急功近利心态等方面，美育都可以发挥其净化心灵的作用"。美与心灵、人格和道德的健全是密不可分的。人们与美的事物相伴，感受美，以美育心，使性情和品格变得高雅，如何能够真切感受和理解美的人生，便需要美育来进行指引。

在进行有效的心理健康教育课程内容教学之前，对授课教师的教学能力与素质培养必不可少，教师的态度与言行举止对学生的影响往往比单纯的说教更有说服力。课堂中的美育极大程度取决于教师自身的审美修养，一个缺乏审美，内心对此也并不重视的教师，又怎么能真正引导学生去践行美育呢？所以对教师的审美课程教育培养，影响熏陶十分必要，只有这样，学生才能更好地领会美的内涵与韵味，教师也能更有体会更有感悟的上好每一节课。课堂上，教师可以通过巧妙的课堂设计积极发挥学生的主动性，让学生成为课堂的主体，采用案例分析、角色扮演、情景体验等方式，调动学生的积极性。在大学生心理健康教育课程的课堂教学过程中，除了使学生掌握基本的心理健康专业知识，还应当与美育相结合，通过综合体验等不同于一般的知识性教育或是技术性的教育内容，提高大学生的鉴赏能力，对善恶美丑有更加清晰正确的辨别能力。文学、绘画、音乐、戏剧、民俗、摄影作品鉴赏创作等，在认识与理解中交流感受体会语言美、人格美、自然美、韵律美等千万种美，由此潜移默化地感染学生，得到美的享受。除此之外可以增加专门的实践课程，通过体验式的团体辅导教学方式，开展轻松的趣味心理活动，引领学生在美的环境、美的氛围中创造机会，在沟通合作中提升大学生的自我认知与情绪行为的发展，提高大学生心理健康水平。在心理健康的学习中，还可以针对大学生这一群体，梳理出一些学生日常生活中可能会遇到的心理问题或心理困惑，通过一些优秀案例的分析和交流，让更多的学生在想要关心帮助别人时了解该如何应对，采取怎样的方式更加合理有效。同时，活动有利于增强班级的凝聚力，创造温暖和谐的集体氛围，在这样能够互相理解、尊重、平等的环境里，加深对自己和对他人的认识，提高大学生的心理健康素质。在课内课外给予学生足够的真诚与热情、积极的关注与共情、鼓励与肯定，促进课堂中产生的积极影响作用于大学生的学习生活中，以美育培养新一代青年。美育的实施将有助于促进大学生多方面能力的发展，引导大学生树立和坚持正确的观念。

三、美育对于大学生心理健康教育的积极意义

美育的意义是什么？同心理健康教育的目的相近，都是为了培养拥有美丽心灵，拥有健全人格之人。在大学生心理健康教育课程中融入美育，以多种多样具有美感的浪漫的教学形式引导学生，以美育人、以文化人，帮助大学生陶冶情操、舒缓情绪、增加自信心，同时使学生能在审美鉴赏下有所扬弃，学会选择与学习。在课堂的文化和实践教学中，学生还可以拓宽视野，学习更多的知识和技能，学习如何培养兴趣、掌握语言艺术、进行人际交往等等，将美融于生活之中。一个心理健康的大学生即使在逆境中也能拥有一颗热爱生活的心，仍对未来充满兴趣和希望，能够有正确的人生观、价值观。

美育对于大学生心理健康教育的积极意义，具体还体现在其积极预防方面。大学生在

面临交友、毕业、找工作、谈恋爱等问题时可能会有一些负面情绪，有些学生还要承受家庭所带来的压力，通过谈话、关心等辅导方式外，将美育与大学生心理健康教育结合，通过美育，从长远的角度上对大学生，尤其是有困惑且需要特殊关注的学生进行教育，感悟生命的美好、生命的意义、从而敬畏生命、珍惜生命。在长期熏陶下，这些都有助于学生培养高尚情操、拓宽眼界、提高觉悟。美育虽然有其特有的艺术表现形式，但美育绝不仅仅局限于这些技术性、专门性的教育之中，而是应当更多的渗透进学生的各方面教育与生活中，借助美的力量，净化心灵，将美德与道德真正内化为学生心中的信念。

鲁迅说过："并非人为美而存在，乃是美为人而存在的。"每一位学生都有自己的闪光之处，将美育与心理健康教育相结合，让学生在感受美的同时，也能发现属于自己独一无二的美，拥有自信，积极地生活学习与工作。每周融入美育的心理健康教育课程，现在看来或许效果甚微，也未必能在考试分数中得以体现，但是在长期的社会实践中，学生们受美育影响所产生的价值将远超我们的期待。

第四节 大学生心理健康课程体验式教学模式

大学生心理健康教育课程是高校心理育人的主渠道。传统心理健康教育课程存在教育理念滞后、教学投入不足以及学生参与性不强等问题，将体验式教学引入课堂教学实践中，加强体验式教学与心理健康教育目标的结合、注重理论与实践环节的结合、发挥师生互动与生生互动的作用、设计合理的评价体系，有效构建高校心理健康教育体验式教学模式。

当前我国高等教育从"外延式发展"走向"内涵式发展"阶段，心理健康教育作为高校思想政治教育的重要组成部分，必须服务于高校高质量、创新型人才的培养工作。当前大学生心理健康教育课程普遍采用以知识传授为主、以教师为中心的传统教学模式，忽视学生在教学活动中主体性的培养，导致心理健康教育的实效性不强。所以教师将体验式教学引入大学生心理健康教育课程中，注重学生认知活动、体验活动与践行活动三者的有机结合，让学生在学习中发现自己的问题，学会找到解决问题的途径，获得心灵的成长。

一、高校心理健康教育课程教学现状

（一）教育理念滞后

在信息资源全球化共享的数字时代，学生足不出户就可以体验到世界知名课堂，接受最为先进的知识教育。然而，当前部分高校心理健康教育课程教学仍旧停留在以知识传递为核心的输入式的教学模式。这种传统的教育观念是建立在认知主义主张的身心"二元论"基础上的，认为认知是心智对符号学表征的加工和操作，忽视身体的参与、体验和经验在

教学中的价值与作用，造成教学过程中缺乏体验、缺乏实践，导致身心、主客及知行分离。再者，心理健康教育仅关注于知识层面的拓展，缺乏对渗透性隐性教育探索，致使心理健康教育功能的"空心化"现象比较严重，没有很好发挥心理育人功能。

（二）投入不到位

目前广东省开设心理健康教育课程的高校逐年提升，但实施情况参差不齐。心理健康教育课程的开设一般由学校心理中心负责，学校缺乏相应的人力和物力的投入。心理中心教师在日常繁忙的咨询辅导和危机干预工作之余，难于完全承担全校性的心理健康课程，通常会请学院心理辅导员或具有相关专业背景的辅导员组成教师团队。开展教学工作。学校对课程的投入不足，导致不少高校心理健康教育师资力量短缺、师资水平参差不齐、教育资源紧缺等问题，心理健康教育教学工作难以高质量开展。

（三）学生的主动学习意识不强，主体反思欠缺

学生对课程学习的主观态度是建立在个体对课程重要性的评价上。不少高校在新生入学后的第一个学期开设了心理健康教育课程。这期间，新生对大学生活还处于异常兴奋的好奇状态，有关学习、恋爱、人际关系等常见的心理困惑及心理问题并未凸显。因此，大学生在心理健康知识的需求上没有达到迫切需要的程度，从而对心理健康教育课程主动学习意识不强。此外，在教学过程中，学生对心理健康教育课程喜好于知识的趣味性以及生动活泼的视觉感受，习惯于坐着听讲，不喜欢思考问题；喜欢参与互动，喜欢游戏、视频教学；不习惯回答问题，缺乏对自我的觉察、反思和知识的内化。

二、体验式教学契合大学生心理健康教育的特殊性

（一）体验式教学的内涵

心理健康教育是触碰人的内心并涉及到三观体系深层次的情感交流过程。教育者单纯地依靠知识的传递是远远不能达到效果的，"体验式"教学为心理健康教育提供了新的教学思路。通过创设合理的教学情境，教师有目的地引导学生自我经历、亲自感知、体验所要学习的知识，使学生在亲身体验的过程中，理解并建构知识、发展能力、运用知识的一种多向传递互动教学模式。较之传统的以教师主体的教学形式，体验式教学模式构建师生之间"主导—主体"的双向沟通和对话，极大地提升了学生的主体意识。

（二）体验式教学契合大学生心理健康教育的特殊性

心理健康教育体验式教学模式是将学生置身于一定的教学情境中，引导学生真切体验，深入反思。通过情境体验、思想碰撞、深刻反思、理念内化等方式，把心理学知识转化为内心的感受，在感悟与升华中潜移默化地产生教育意义。这种教学模式是缔结教学过程中师生互动、生生互动新型关系的有效模式，为达成教育效果的优化提供新视角。

1. 体验式教学有利于帮助大学生进行自我认知的深入探索

根据埃里克森提出的心理社会发展理论，确立自我同一性，防止角色混乱是青少年时期重要的发展任务。然而，自我认知的发展容易受到成长经历、学习环境、人际关系、压力事件等多种因素的制约和干扰，从而出现角色身份困惑或自我主体迷失。我们在"大学生自我意识"这节课里，通过循序渐进的体验活动引导大学生分析自我，通过生生互动的分享和师生互动的交流，帮助大学生探索对自我的认识和定位，整合"理想的我"与"现实的我"之间的矛盾冲突，树立切合自身实际的人生目标。

2. 体验式教学有助于缓解大学生负面情绪

正处于心理"疾风骤雨期"的大学生，缺乏社会经历的磨炼，心理承受能力较为薄弱。在承受着来自学业、情感、交往、经济和就业等困扰时，难免会出现自卑、焦虑、愤怒等负面情绪。而体验式教学注重教学过程中的参与互动、沟通分享，通过游戏、绘画、音乐、讨论、分享等多种交流形式，可以有效解决大学生情绪上的困扰，从而达到宣泄情绪、释放压力的目的，推动大学生心理的健康发展。

3. 体验式教学有利于提升大学生人际交往能力

大学生正处于人生发展的关键期，良好的人际交往能力不仅有利于大学生身心健康，还能提升个体主观幸福感。然而，我国大学生的人际交往状况不容乐观，特别是宿舍人际关系冲突。如姚利民的调查结果显示，38.2%的学生存在着一般人际交往困扰，3.9%的学生存在着严重的交往困扰。体验式教学将知识学习与生活情景有机结合，通过大学生校园生活的场景，创设诸如宿舍人际冲突、师生的有效沟通、恋爱中的冲突等具体情境，鼓励学生在体验的过程中思考和实践，在解决具体问题的同时，满足大学生人际交往的心理需求。

三、大学生心理健康教育课程体验式教学策略

（一）教学设计要与课程目标相结合

教育部《普通高等学校心理健康教育课程教学基本要求》指出，高校学生心理健康教育课程是集知识传授、心理体验与行为训练于一体的公共课程。目前，心理教师习惯于运用传统教学方法开展教学活动，习惯于"填鸭式"的心理健康知识的传授，忽视的心理技能培养和心理品质提升。从心理发生的角度分析，心理品质是主体依托实践共同体，通过实践活动内化外部刺激而形成的。基于大学生心理健康教育课的教育目标，该课程的教学设计不是灌输课，而是实践性很强的综合性体验实践课程，教师应该真正以学生为主体，创设情境，引发体验，培养学生的主体意识，尊重学生在学习过程中的参与、体验与感悟，让学生真正成为教学过程的主体。

（二）注意理论学习与实践环节的结合

高校学生心理健康教育课程是集知识、体验和训练为一体的综合课程。针对当前心理健康教育注重心理知识的传授，忽视了学生心理技能和心理品质的培养的现状。体验式教

学方法设计既要注重心理技能和心理品质的培养，又要把知识的学习作为实践环节的有效指导，把理论学习与实践环节有机结合。

为加强心理健康教育教学的实践性，体验式教学设计要求以情境创设为教学的出发点，重视学生真实情感体验，调动学生参与和思考，重视课堂间的沟通与分享，是体验式教学课程设计的基本理念。基于此，大学生心理健康教育教学设计的基本环节为：引入话题，创设情境——自我体验，交流分享——深刻反思，总结提升。此外，心理健康教育课程由于课时有限，应积极借助互联网平台采取慕课和微课的形式探索理论和实践的有机结合。

（三）注意发挥师生互动与生生互动的作用

建构主义教学思想鼓励教学信息在师生之间、学生之间多方向流动。这种师生互动和生生互动在体验式教学中发挥着重要的教育功能。（1）师生互动。在师生互动模式中，教师更多地充当"协调者""引导者"等身份，就教学重难点向学生进行启发式的提问以及相应的引导，让学生自己觉察、思考、分析和解决问题。高质量的师生互动能使学生课堂学习处于高效的状态，提高学生学习的积极性和主动性，并促进个体心理品质的提升；（2）生生互动。生生互动所表现的诸如沟通与分享、支持与反对、竞争于合作等关系会在学生间产生交互作用，引发认知的相互碰撞、情感的相互感染与行为的相互激励，提升学生主体的参与能力。

（四）设计合理的评价体系

大学生心理健康教育体验式教学需建立针对学习过程的形成性教学评价体系。（1）形成性教学评价关注学生的学习过程，通过平时作业和小测验作为教学反馈的基础，对学生在学习过程中的优势和不足进行分析，并针对这些过程的特征对教学活动进行调整和改进。因此，形成性评价渗透整个的教学活动当中，和教学融为一体的评价体系；（2）形成性教学评价注重学生自评、互评和教师评价相结合，可以更好地培养学生的主体意识和责任意识；（3）形成性教学评价是内部反馈和外部反馈相结合的循环过程。形成性教学评价的目的不仅仅是对学生的学习效果的评价，更重要的是通过评价促进教学相长及学生学习主体意识的形成，切实提高心理健康教育教学质量。

第五节　大学生心理健康课程大班分层教学模式

心理健康教育课程是高校心理健康教育的一条重要途径。目前大学生心理健康课多以大班教学为主，大班教学无法照顾学生的个体差异和个体需求，难以做到因材施教。分层教学模式的建立，解决了大班教学的现实问题，能够满足不同层次、不同类型学生的心理需求。根据学生身心发展规律及心理需求，建立以心理健康教育课程为主，讲座、沙龙、工作坊、团体辅导、行为训练等心理活动为辅的多位一体分层教学模式，已经成为高校心理健康课程教学的必然趋势。

　　心理健康教育课程是高校心理健康教育的一种重要途径。2011年，教育部印发《普通高等学校学生心理健康教育课程教学基本要求》（以下简称《基本要求》），《基本要求》明确指出高校开设心理健康课程的必然性，并提出心理健康课程的课程性质、教学目标、教学内容及教学方法。2018年7月，教育部印发《高等学校学生心理健康教育指导纲要》（以下简称《纲要》），《纲要》提出各高校要完善心理健康课程体系，使用多种教学方法，提高教学质量，提升学生的心理素质。目前各大高校都以必修课或选修课的形式开设大学生心理健康系列课程，但课程主要以大班教学为主，上课班级学生人数众多，教师无法照顾到学生的个体差异和个体需求，很难做到因材施教。同时，由于上课学生人数较多，教师主要以讲授法为主，学生没有足够的时间去理解、体验，更别提学习如何有效运用知识解决实际问题。要做到满足不同层次、不同类型学生的不同心理需求，分层分类开展心理健康课程教学已经成为必然趋势。分层分类教学是指以大学生心理健康教育课程为核心，其他相关课程和活动为补充的心理健康教育课程体系。根据学生身心发展规律及心理需求，以必修课和选修课的形式开设心理健康相关课程，开展讲座、沙龙、工作坊、团体辅导、行为训练等活动，建立以课堂教学为主，心理活动为辅的多位一体分层教学模式。

一、大学生心理健康课程的现实问题

（一）班级教学规模较大

　　目前大部分高校的心理健康课程主要以大班教学为主，人数在80人以上。大班教学是高校公共课实施教学的常见形式。由于教学规模较大、班级人数较多，教师以讲授法为主，学生在课堂上更多是被动接受知识。大部分学生只是被动接受知识，几乎不参与课堂互动，教师无法掌握学生的学习情况，也无法给予学生反馈，学生从教师的教学中得不到积极的关注和反馈，无法激发起学习兴趣，导致在大班教学中，学生的学习动机不高，积极性和主动性较低，已成为一个普遍现象。此外，心理健康课"隐形逃课"现象突出。学生在课堂上看书、做作业、玩手机、睡觉等现象普遍。由于学生人数较多，有些教师对学生的某些违纪行为采取放任漠视的态度，这在一定程度上纵容了违纪现象的发生。无法做到因材施教是大班教学的一大弊端。大班教学，教师备课和教学方式主要以一般学生的知识水平和理解能力为主，无法照顾到学生的个体差异和个体需求，学生无法得到教师个性化的指导。上课学生人数较多，教师主要以传授知识为主，导致学生没有足够的时间去理解、体验，学生获得了知识，却不知如何运用。调查发现，大多数师生认为大班教学起不到课程应有的作用，甚至会弱化课程的教学效果。大多数学生希望该课程以小班的方式开设。

（二）教学内容方法局限

　　目前心理健康课程的内容多以心理健康知识以及自我调节方法为主，学生知道什么是心理异常的表现也知道如何调整自己的情绪、解决人际关系问题，却不知如何提升自身幸福感，发展积极人格品质。这表明教学内容具有局限性，较少关注学生积极心理品质的发掘和培养。《纲要》明确提出课程不仅传授心理健康知识，还应充分挖掘学生心理潜能，培养积极心理品质，促进学生身心和谐发展。此外，有部分教学内容不贴近学生的实际生活、不能满足学生的心理需求，也导致学生学习动机不高，对课程不感兴趣。

如今心理健康课课程化倾向严重，教师一味讲授知识轻体验的现象普遍。《基本要求》指出高校学生心理健康教育课程是集知识传授、心理体验与行为训练为一体的公共课程。虽然不少高校已经开始进行体验式教学，但大多数心理健康课还是以知识讲授为主，师生之间互动、学生参与的机会很少。讲授式教学方法带来的一个弊端是忽视学生实际解决问题能力的培养，导致学生在遇到实际困难时，不知如何解决；另一个弊端是教师一讲到底，师生互动少，学生很难有机会能够在教师的指导下体验、感悟，学习如何将知识运用到实际生活学习中。

（三）课程考核方式单一

该门课程的考核方法有开闭卷考试、撰写课程论文、活动展示等形式，其中撰写论文、开闭卷考试是主要考核方法。心理健康课程具有其特殊性，这样的课程考核方式与课程性质和教学目的背离。心理健康课不仅关注学生知识的理解和掌握程度，也关注学生问题解决能力的提高。一纸考试或是论文并不能达到心理健康课的教学目的，也不能真实反映学生的学习效果和教师的教学效果。由于"一考定音"，导致学生平时不认真学习、不参与课堂互动及活动体验，想着只要考前突击复习就能拿到高分，这违背了课程的教学目的，也不能促进学生个人成长和适应能力的提升。

二、分层教学模式的探索及实践

（一）把握课程特征，开展分层教学

按照《基本要求》和《纲要》的文件内容，大学生心理健康教育是一个以课程为核心，其他活动为补充的系统，它必须满足不同层次、不同类型学生的心理需求。为此，首先要建立以大学生心理健康课为核心，其他相关课程为补充的课程体系，以满足学生的不同需求。赖运成总结以往研究者的调查结果发现，近一半的学生认为心理健康课程应以"必修课＋选修课"的形式开设，约40%的学生认为应在各年级开设心理健康课。根据学生身心发展规律和心理需求，以公共选修课的形式开设学习、人际交往、恋爱、就业等主题的心理学相关课程，让学生可以根据自己的需求自主选择。

其次，高校心理健康教育不应局限于传统课堂，不应将心理健康教育"课程化"。分层教学应以课堂教学为主，其他心理教育活动为辅。以学生需求为主要导向，建立课堂以主，讲座、沙龙、工作坊、团体辅导、行为训练等活动为辅的多位一体分层教学模式。如学校建立以积极心理学理论为核心的大学生心理健康课程体系，教师不仅在课堂教学中需

要讲授积极心理学的概念，还需要通过开展一系列以积极心理学为主题的讲座、沙龙、工作坊等活动达到培养学生积极人格特质，提高心理素质的目的。教师还可以根据学生的个别需求开展其他主题的活动，有部分学生反映自己做事总是拖延，希望自己以后不再拖延，能够坚持做一件事情。教师依据学生的心理需求，开设《拖延心理学》公共选修课，同步开展以"拖延"为主题的工作坊和组织21天行为训练小组，让学生在团体中通过互助得到个人成长。对于个别学生的心理需求，学校提供个体心理咨询。这种课程、工作坊、行为训练多位一体分层教学模式，可以从多角度、多方面为不同需求、不同群体的学生提供服务，促进学生个人成长。在分层教学模式下，对课程的教学内容、教学方法和课程考核进行以下探索。

（二）了解学生需求，设计教学内容

大学生心理健康课程具有其特殊性——学生为主体，教师为主导。课程内容、案例、选材都需要以学生的需求为出发点，这样才具有针对性，才能激发学生学习兴趣和学习动机。设计教学内容时，既应遵照《基本要求》文件内容，还应遵循学生的身心特点、发展规律及其心理需求。每个年级的学生有各自不同的发展主题，他们面对的心理困惑具有特殊性和差异性，大一学生主要面对适应问题，大二大三的学生渐渐适应了大学生活，但是在人际交往、恋爱、学习等方面可能会遇到困惑，大四学生主要面对就业择业的问题。因此，课程的内容应结合不同年级学生的身心发展特点进行分类分阶段设计。除了开设大学生心理健康公共必修课外，还应开设学习心理、人际交往、恋爱心理、职业生涯规划等主题的公共选修课，以满足不同层次学生的不同心理需求。了解学生的心理需求可以通过调查、访谈的形式，如学期开课第一周对学生进行问卷调查，了解学生的需求，如希望通过该门课程获得哪些心理知识，希望学习哪些心理调适的方法和技能，自己困惑的问题有哪些等。还可以结合日常心理咨询中学生求助的问题作为学生心理需求调查的来源。徐伟提出还可以通过与辅导员交流，了解学生的需求。在了解学生心理需求的基础上，根据教学大纲的要求，对教学内容进行调整与设计。

大学生心理健康教育的根本目的不仅在于传授心理健康知识，更在于提高大学生的整体心理素质。对于大多数学生而言，只掌握心理调适的知识和方法只能让学生在面对问题和困惑的时候知道如何去解决，并不会提高学生的心理素质，学生不仅要学会心理调适的方法，还需要习得如何让自己成为一个幸福的人。因此，将积极心理学作为课程的理论核心是一种必然结果。激发学生积极品质，不只是单纯地传授如何调整消极情绪、如何鉴别心理问题，学生不仅应该知道如何控制调整自己的状态，更重要的是能够学会如何提高自己的心理素质。因此，教师在设计教学内容时，更加注重在课程中加入积极心理学的内容。通过对学生进行访谈了解到，学生不仅想要获得心理健康的基本知识，他们更期望获得具体的心理调适方法和技能，期望在实际生活中当遇到学习、人际或情绪方面的问题时有具体的方法可以运用。因此，课程内容应重视对学生解决问题能力的培养，教师应通过案例

分析、角色扮演等方法与学生分享更多的心理调适方法与技能。

（三）结合教学内容，创新教学方法

心理健康教育课程不仅要讲授心理健康方面的知识，自我体验、心理调适技能的训练也很重要。课程重视学生在活动、实践中体验、感悟，鼓励学生分享。教师可以借助一些技术达到促进学生内心体验的目的，如角色扮演、绘画、游戏等，让学生参与到活动中，给学生充分的时间去体验和感悟，鼓励学生与同学、教师分享自己的想法和情绪。在自我体验的过程中，达到促进自我认识、自我成长的目的。

增加互动。教师讲解到某些概念时，可以让学生参与进来。比如，讲解到感觉剥夺实验时，可以进行情景模拟。教师设置一个模拟场景，先让学生来体验，再讲解这个实验。这样一方面可以吸引学生的注意力，另一方面可以让学生对这个实验有更深刻的认识和理解。

鼓励学生角色扮演。对于一些案例，可以动员学生对案例中的角色进行扮演，然后教师进行点评，学生分享体会。这样可以让学生主动参与到课堂中，通过角色扮演能够让学生对角色的心理状态和心理过程以及案例中的问题有更深的理解。还可以通过交换角色的方法，使学生能够换位思考，有助于学生从新的角度理解角色、想到新的解决问题的方法。

善于利用媒介。在新媒体时代的环境背景下，采取线上（公开课、微信公众号等）与线下（课堂、教材、教学课件等）相结合的教学方法。教师需要根据学生的特点和需求，分别挑选出适合线上学习及线下教学的内容，对于重难点概念，教师选择放在线下教学。充分利用课堂时间，让学生在课堂上有足够的时间和机会去体验和分享，教师能够对学生给予反馈和指导。教师在选择线上学习作为课堂教学的补充时，需要意识到线上课程的一些局限，如本校心理健康教师可以一起开发适合本校学生的线上心理健康课程，让有不同需求的学生可以自行选择对自己有帮助的课程。如何控制学生线上的学习质量是教师需要考虑的一个重要问题，可以通过设置关于线上课程的问题或作业来达到监控学生线上学习的目的。

教学方法仍然以学生需求为主。通过问卷调查了解学生的需求，在每学期的第一次课上教师将课程内容以主题的形式一一罗列并向学生加以介绍，了解学生希望每个主题以怎样的教学形式开展。结合学生的反馈意见，对教学方法进行设计。在教学过程中还要考虑共性和个体差异，在设计教学方法时要考虑不同专业学生的特点，实施针对性教学。比如同一个活动，在不同专业班级授课时可以调整不同的教学形式，美术专业的学生可以通过绘画的形式表达，数学系的学生可以使用数字来表达。不同专业学生的心理特征不同，任课教师需要根据学生的特点使用不同的教学方法。如艺术类的学生思维活跃，教师可以使用更多分享和体验的活动。

（四）依据课程特征，灵活课程考核

心理健康课不仅考查学生对知识的理解和掌握程度，还应考虑学生心理调适能力和解决实际问题能力的提高等方面。因此，应该改变传统的课程论文或开闭卷的考核形式，从"一考定音"向多形式多角度综合考核转移。考核成绩由平时成绩（30%）+期中成绩（30%）+期末成绩（40%）构成。平时成绩根据学生的出勤率和课堂表现及参与情况来评定。教师可以利用一些手机软件进行平时考勤，一来可以节约课堂时间，二来传统的点名方式在某种程度上引起了学生的反感，学生觉得老师点名考勤是在浪费上课时间，所以使用软件进行考勤是目前比较适宜的一种方式。学生课堂表现及参与情况可以通过学生在课堂上发言、参与互动等方式来考察。比如，教师会在每节课都设置一些开放性问题，引导学生思考，开展课堂分组讨论，提供分享环节；教师还会根据课堂内容设置角色扮演、案例表演等内容，让学生有更多的机会参与。期中成绩根据学生的实践报告来评定，学期中前两周，教师让学生从实际生活中寻找案例，让学生运用学习到的心理学知识解释案例并解决案例中存在的问题，最终形成实践报告；期末成绩主要根据学生的自我成长分析报告来评定，让学生以过去、现在作为时间点，描述、分析自己的变化，以及这学期的学习对自我帮助的情况和自己的收获，引导学生从自我变化中获取成长经验。

第六节　大学生心理健康教育"四位一体"教学模式

"四位一体"教学模式是对大学生心理健康教育课堂长期实践和探索的基础上提出的。该模式以建构主义学习理论、实用主义教学理论、人本主义学习理论为理论基础，通过理论讲授、活动体验、分享交流、反思总结等四大环节的交互影响，让大学生对所学心理健康知识进行体验、巩固、内化、实践，从而达到提升其心理品质的目的。

大学生心理健康教育课是根据学生身心发展的特点，以相关心理学的理论和技术为指导，通过各种授课形式，有目的、有计划、有组织、循序渐进地提升学生的心理品质，维护其心理健康，健全其人格的一种课程。这门课程在教学过程中需要充分调动大学生的积极性和主动性，使他们在活动中获得体验和启发，全面提升其心理素质，开发其心理潜能。

当下，很多高校的心理健康教育课立足于"学科本位课程模式"，该课程模式包括"学问化、专门性和结构化"的三大特性，以心理学基础作为主要侧重点。在这种学科本位模式中，很多教师还是坚持"一本教材走天下"的观点，重自己讲授，轻学生主体体验；重填鸭教学，轻互动生成；重教材内容，忽视生活实际和学生内心需求。在这种单一且传统的教学方法下，大学生心理健康教育课程本身的价值和意义难以凸显。也有很多高校遵循"活动本位课程模式"，强调互动和体验，但又走向另一个极端，即过于强调活动体验而忽略心理理论知识对学生的影响，使得教学活动出现娱乐化倾向。目前比较多的做法是将两种模式进行结合开展教学，形成"理论—体验"二位一体的模式，也有教师经过自己的探索提出教—学—做的"三位一体"模式。

"四位一体"即理论讲授—活动体验—分享交流—反思总结，这种教学模式力图把知识教学与体验教学相结合，并达到最佳的平衡点，在此基础上增加分享交流与反思总结环节，充分体现"以学生为主体"的教学理念。"四位一体"教学模式是作者对心理健康教育课教学经验总结的升华，是对现有的教学模式的创新与改革。

一、"四位一体"的教学模式的理论基础

教学模式是指在一定的理论指导下，相对稳定的教学框架和程序。"四位一体"的教学模式以建构主义学习理论、杜威教学理论、人本主义学习理论为基础，注重体验、互动、合作、交流。

建构主义学习理论认为，学习的本质是个体在已有经验和知识的基础上，在与外界环境的互动中主动建构自己新的知识和理解的过程，是意义的生成过程。因而教学要学习者原有的知识经验作为新知识的生长点，引导学习者从原有的知识经验中，主动建构新的知识经验。建构主义学习理论特别提出"学习共同体"的概念，即教师和学生、学生和学生在探究或体验活动中真正发生实质性的交往、对话、交流和合作，共同协商、分享、反思，彼此倾听和欣赏，共同体才真正生成。大学生心理健康教育不仅仅是让学生学到基本的心理学和心理健康方面的知识和技能，更重要的是培养学生独立思考、创新的能力，培养学生的责任感、合作精神，鼓励学生勇于表达与分享，培养学生与人交往、情绪管理等能力，而这些也正是建构主义学习理论所强调的核心能力。

杜威是实用主义教育教学理论的代表人物，他倡导活动课程，并提出学科课程要改革，必须与社会生活发生联系，这样才能与活动课程进行真正的统一。杜威提出"从做中学"的教学方法，"从做中学"也就是从活动中学、从经验中学，它使得学校里知识的获得与生活过程中的活动联系了起来。在师生关系上，杜威认为教师更多的是引导学生。杜威的这些教育教学观点对大学生心理健康教育的教学实施有很大的指导意义。大学生心理健康教育是一门理论结合实践的课程，既需要通过教师讲授使学生获得系统完整的心理健康知识，也需要学生自己积极参与体验实践，这就需要把学科课程和活动课程结合，让学生更好地从课堂中学，从做中学。而教师在这个过程中，要充分重视学生的主体地位，给予他们真正的启发和引导。

人本主义学习理论认为，学生都有向上的潜能，教学的关键是让他们的潜能得到充分的发展。教师只有充分信任学生、尊重学生、深入了解学生，设身处地为学生着想才能做到这一点。人本主义"以人为本，充分发挥个人的潜能"的基本理念正是大学生心理健康教育课程所要遵循的核心价值。

二、"四位一体"的教学模式内容

（一）理论讲授

理论是系统化的理性认识，是概念和原理的体系，正确的理论是对客观事物本质和规

律的反映，理论来源于实践并指导实践。心理学理论教育是把心理学中与大学生发展关系最密切的系统理论贯穿到对大学生的心理健康教育之中，使大学生心理健康教育理论化、系统化。当今大学生心理健康的意识较强，他们从各种途径获得心理知识，但这些知识大多是零散的，不能真正满足他们成长和发展的需要。而课堂系统的心理理论知识能帮助大学生更好地实现自我成长，激发其潜能，获得更深厚的发展后劲。

近些年，在高校心理健康教育理论教学中，大部分高校教师以主题的方式进行教学，即根据大学生心理健康的标准以及大学生常见的心理问题把教学内容分为环境适应、自我认识、人际交往、学习心理情绪与压力管理、恋爱与性心理、意志与挫折、生命教育等若干个主题，结合主题讲授相应心理学理论和心理调节的方式。首都经贸大学杨眉教授带领其团队以"健康人格心理学"为大学生心理健康教育课的理论内容，主要讲授弗洛伊德、荣格、阿德勒、弗兰克、罗杰斯、马斯洛等心理学大师的健康人格理论，并在此基础上进行核心人格特质的训练，实践与研究证实。这种理论教育的做法效果非常显著，不仅降低了学生的心理健康指标中的负性项目，也促进了教师的个人成长和专业化发展，值得广大高校心理健康教师借鉴。

理论讲授是"四位一体"模式的基础，缺乏系统的心理理论学习，后面的体验—分享—反思环节就如空中楼阁，教学效果浮于表面。在理论讲授环节中，不论使用哪一种形式，要把握的基本原则是心理理论知识要系统，有一定的深度和难度，达到大学生的最近发展区，才能起到真正推进学生发展的作用。

（二）体验活动

建构主义认为所有的知识都是人通过自身的主观努力、以经验为基础而建构起来的，但人们在建构知识的时候，又在努力地追求使建构起来的知识与它的基础—经验相一致、相符合，即追求知识的客观性。学生的学习是重构自己经验的过程，是自主反思、体悟的过程。大学生更是如此，他们崇尚自由、喜欢亲历、善于思考、渴望交往。大学生心理健康教育中的体验式教学正是基于这样一种目的，通过各种形式的体验活动，在交往与互动中，实现学生与教师之间、学生与学生之间的沟通、对话、反思与体悟，激发学生的情感，在温暖与互动的氛围中，获得力量与爱，找到归属与安全感，提升自信心。

在大学生心理健康教育课堂上，心理游戏、案例分析、角色扮演、心理情景剧、脑力激荡、团体辅导等都是比较受大学生们欢迎的体验式教学方式和手段。毕淑敏的《心灵七游戏》里介绍了七种非常适合大学生的体验游戏，如"我的人生五样"，这个心灵游戏可以让人更加清晰地了解自己的价值观，让自己在关键时刻做出正确地选择，有效地解决问题；"你的支持系统"的游戏可以让我们分清我们生命中的知心朋友和利益朋友，可以让我们知道自己的支持系统是强大还是薄弱，以及如何去建立自己真正有效而强大的支持系统。这个游戏对很多大学生非常震撼，很多人想当然地认为自己朋友多，微信朋友圈里好几百人，但当问道："当你陷入危难的时候，你会向谁发出 SOS 呼救？"很多人却苦苦思索，不停地翻看手机联系人，最后发现真正能够进入支持系统的人寥寥无几，进一步地思考这是什么原因,下一步该如何更新、补充或是清理自己的支持系统;"写下你的墓志铭"是一个有关"死亡"的游戏,刚看这个名字让人倒吸一口气,甚至受到一些大学生的排斥,但真正参与体验这个游戏后,所有人都好像获得了重生,更有信心面对将来。

"体验活动"是"四位一体"教学模式的关键,缺乏体验和感悟,心理健康教育课堂就会缺乏应有的生机与活力。

(三)分享与交流

这个环节是对理论学习和体验活动的感想、感受进行分享和交流,这个过程可以拓宽知识经验的有效迁移范围,是学生主体与环境客体、间接经验、知识相互作用并产生感悟的过程,使前两个环节的学习效果更加巩固和持久,还能帮助学生强化自我改变、自我提升的力量。同时,表达分享交流本身也是学生心理行为训练的过程,通过分享,可以减少"秘密的自己",形成更加完整、客观的自我认识;通过交流可以锻炼学生的人际沟通能力,学会正确表达自己、倾听并积极反馈他人。

在以往的学科本位模式、活动本位模式以及"理论—体验"的"二位一体"模式中,分享交流环节都被忽略,或者流于形式,以至于学习效果不能很好地深化和巩固,经常出现学生在课堂上激情满怀,课后却无动于衷的现象。在"四位一体"的模式中,分享与交流环节是心理健康教育课堂的灵魂,既作为一个独立的环节巩固前两个环节效果及引起下一个环节的思考,又作为一种行为训练的方式贯穿于整个教学过程。

(四)反思与总结

这个环节中的反思是一种批判性的思考,对整个教学过程以及自己在教学(学习)中的表现、行为及产生的结果进行审视、分析的过程。通过反思总结,发现自己和他人的进步和不足,在进步中获得前进的动力,在不足中求得更好的发展。大学生心理健康教育是一门理论和实践相结合的课程,始于知,践于行,反思总结环节是"践行"之前的审视、认同、内化的过程,将推动自己在生活中进一步付诸和养成良好的行为。

心理健康课堂中的教师和学生都需要反思和总结。对于教师来说,这是走向教师专业化的必经之路,美国教育心理学家波斯纳提出教师成长公式,即教师成长=经验+反思。心理健康教育教师的反思除了审视教学理念、教学过程,教学内容、进度等方面之外,特别重要的是审视和总结自身对于心理学理论的把握、带领体验活动时的状态和感染力,对学生的关注、共情、倾听等方面做得怎么样,还要对学生在活动中、在分享交流、小组合作中的表现情况进行总结并及时反馈给学生。学生的反思总结可以从所学的知识、体验的感受、小组的表现、自己的表现、发现的问题及想到的改善措施等方面来进行,这个过程对学生来说意义非常重大,既是内化知识的过程,也是内化的知识、观念即将付诸行动的一种表态。

反思总结的环节除了在课堂上通过语言的方式进行记录保存外,还可以根据具体情况将此环节延续到课后,师生以书面文字的方式进行记录和保存。

总之,"四位一体"的四大环节相辅相成、缺一不可,理论讲授是基础、体验活动是关键、分享与交流是灵魂、反思与总结是根本,它们共同构成完整的、有深度后劲的、有生机活力的、有情感交融的丰富课堂。

三、"四位一体"教学模式在实施过程中要注意的问题

（一）教学开端的问题

理论讲授—活动体验—分享交流—反思总结四大环节是一个整体,但其操作顺序并不是固定不变的,可以根据内容的性质和学生的特点进行灵活调整。既可以以理论讲授作为某教学单元的开端,也可以先从活动体验获得感性认识开始,或者抛出主题让学生先讨论交流开始。各个环节在实施过程中也可以根据实际情况穿插进行。

（二）各环节教学比重的问题

对于一个完整的心理健康主题的教学过程来说,四个环节都非常重要,因为课堂时间有限,所以课堂上各环节的教学比重可以略有偏重。一般来说,理论讲授—活动体验—分享交流—反思总结四大环节可以按照 4：3：3：1 来进行,其中,反思总结环节还要通过课后以书面文字的形式来做进一步补充,而理论讲授环节可以提前让学生预习和思考。各环节的教学比重也不是绝对固定不变的,依然可以根据实际情况做出灵活的调整。

（三）教学组织形式的采用

在大学生心理健康教育课堂中实施"四位一体"的教学模式,要求使用大班和小组相结合的教学组织形式。大班进行理论知识的讲授,而体验活动、分享交流以及反思环节首先可以在小组内进行,以保证每一个学生都能充分地参与、表达和思考,通过这些环节真正生成若干"学习共同体"。

（四）对教师的要求

"四位一体"的教学模式对教师有较高的要求。教师要有扎实的心理学理论功底,具有根据主题设计体验活动的能力;作为活动的领导者,要有亲和力、感染力、观察力、场控能力,要能带动全场氛围,具有激发学生情绪情感的能力;作为课堂的引导者和心理导师,要善于归纳总结,能激发学生分享和表达的意愿,具有理解能力、倾听能力、觉察能力;作为一名能对他人产生积极影响的心理健康教师,自己要自信、乐观、豁达、包容,有很强的接纳和反思的能力。

第七节 大学生心理健康"教学做一体化"教学模式

"教学做一体化"的教学模式强调教学做是一件事,要有在做上教,做上学的理念,

凸显理论与实践的结合，对于高校大学生心理健康教育课具有重要启示。本文从大学生心理健康教育课的现状出发，探讨"教学做一体化"教学模式与大学生心理健康教育课的结合，从教学内容的源自于生、教之于生，教学方法的体验感悟、学生先行，教学评价的学有所感、学有所获三个方面论述"教学做一体化"教学模式在心理健康教育课中的应用。

一、大学生心理健康教育课

（一）大学生的心理发展

大学阶段是人生发展的关键时期，大学生作为文化层次较高的年轻群体，心理发展水平上处于接近成熟而又未完全成熟的阶段，他们热情而充满活力，理性而充满创造，情感丰富，敢于拼搏，但也会情感失控、浮躁、冲动等。在面对瞬息万变的社会、日趋激烈的竞争以及来自学习、专业、就业、经济和情感等诸多方面的问题时，往往不知所措，容易产生各种心理困扰。身心健康的大学生，能够调动自身强大的身心资源和外部资源，顺利地度过；而身心不健康的大学生，则有可能出现各种各样的心理和行为问题，甚至有些学生可能会因为身心问题而走上一条不归路。

（二）大学生心理健康教育课的发展

从 20 世纪 90 年代起，我国开始重视大学生的心理健康教育工作，许多专家学者围绕这一课题开展系列研究，提出许多实施方法，教育工作者也在对大学生进行心理健康教育的方法上做了有益的尝试。我国的大学生心理健康教育，经历了一个由认知到重视再到加强的过程。1995 年，国家教委在《中国普通高等学校德育大纲》中提出将心理健康教育作为德育的一个内容；随后，2001 年和 2002 年，教育部又颁布了《关于加强普通高等学校大学生心理健康教育工作的意见》和《普通高等学校大学生心理健康教育工作实施纲要（试行）》，在文件中，进一步加强了对全国普通高等学校大学生心理健康教育工作的领导和指导，明确提出了大学生心理健康教育的内容、途径和方法。此后，全国各高校的大学生心理健康教育工作如沐春风，如火如荼地开展，涌现出来一大批成果，包括师资队伍、课程开发、配套设施、实施方法等，都取得了长足的进步。大学生心理健康教育课作为大学生心理健康教育的重要载体，也迅速地推广开来。

大学生心理健康教育的根本目标是要提高大学生的心理素质，培养适应社会、身心健康发展的人。纵观目前大学生心理健康教育课，存在着学科化、知识化的倾向。心理健康教育偏向心理学知识的传授会加重学生的学业负担，有悖于素质教育的基本精神，不利于心理健康教育实践性、实效性的体现，并且心理健康教育有许多是属于非知识性的内容，需要学生通过活动、实践等亲身体验才能获得。同时，单纯的心理学知识和理论传授也不会提高学生的心理素质或心理健康水平，有悖于心理健康教育的根本出发点，学生仅靠记忆掌握的心理学概念或理论，是不能直接"内化"为心理素质的。

如何有效的开展大学生心理健康教育课，成为摆在广大教育工作者面前的一道难题。

二、"教学做一体化"教学模式的内涵及其应用

(一)"教学做一体化"教学模式的内涵

20世纪20年代,我国伟大的教育家陶行知先生提出"社会即学校,生活即教育,教学做合一"的教学思想。这种"教学做一体化"的实质是教学过程中的实践性,"做"是核心,主张在做上教,做上学。"教学做一体化"的教学模式改变了传统教学教师讲授、学生接受的模式,凸显教学的实践性,以课堂理论教学为基础,以有效的教学评价机制为手段,以实践教学为延伸,偏重学生对知识的内化和运用。

(二)"教学做一体化"教学模式在课程教学中的应用

"教学做一体化"教学模式受到了众多职业院校教师的青睐,成为他们改进教学的有效手段。结合职业教育的特点,"教学做一体化"可以很好地满足学生的知识掌握和应用,直接培养社会需要的职业人才。纵观国内关于"教学做一体化"的研究,多是职业院校,多集中在计算机、电子机械、医疗护理等相关专业。而"教学做一体化"教学模式在普通高校教学中的研究和应用比较有限,"教学做一体化"教学模式在高校课程的教学中,有很大的应用空间。

(三)"教学做一体化"教学模式与大学生心理健康教育课的结合

2005年,教育部《关于进一步加强和改进大学生心理健康教育的意见》指出要充分发挥课堂教学在大学生心理健康教育中的重要作用,通过案例教学、体验活动、行为训练等形式提高课堂教学效果。在教学中,要根据大学生的生理、心理发展特点和规律,运用心理健康教育的理论和方法,以学生个人的直接经验为中心,以学生本人的情意活动为主要内容,从现实生活出发,立足于教育,重在指导和实践,促进学生身心的全面和谐发展。

从上面的这段关于心理健康教育目的的论述中可以看出,心理健康教育最终的评估标准是能否将所学的心理学的知识运用到现实,保持身心的健康状态,这和"教学做一体化"的教学模式不谋而合,在"做中教,做中学,学中做",将理论与实践联系。结合大学生心理健康教育课的特点和"教学做一体化"教学模式的特点,开展大学生心理健康教育"教学做一体化"教学模式的研究,对于提高大学生心理健康教育课的实践性、实效性具有重要的理论指导和实践意义。

三、"教学做一体化"教学模式在大学生心理健康教育课中的应用

基于对大学生心理健康教育课的长期教学经验,结合近年来编写的大学生心理健康教育课程,以及学生对大学生心理健康教育课程的反馈,从以下几个方面论述"教学做一体

化"教学模式在大学生心理健康教育课中的应用。

（一）大学生心理健康教育课的课程内容——源自于生，教之于生

大学生心理健康教育课教什么、怎么教，在课程内容的设置上需要考虑什么，如何体现这门课程的开课目的，这是大学生心理健康教育课程首先需考虑的问题。

在设置大学生心理健康教育课程内容时，研究者所在学校主要立足于大学生身心发展的特点，依据大学生在个人成长中遇到的困扰，在自我、人际、情感、爱情、挫折、生命教育等方面开展教学。综观目前国内大学生心理健康教育课程的编写，涵盖的内容包括以下方面：大学生人格完善、和谐自我构建、学习心理、情绪调控、良好人际建立、压力调适、挫折应对、职业生涯规划、网络心理、心理危机干预等。

课程内容的设置，是为了更好地开展大学生心理健康教育课的"教"。立足于学生现实需求的"教"，才能更好地用之于学生，产生效果。科学的、可行的心理健康教育课程的内容设置须体现如下特点：第一，教学内容的现实性。按照埃里克森人生发展的八个阶段，大学阶段处于青年期，面临着亲密对孤独的发展任务，有些大学生还在完成着青春期的自我同一性对同一性混乱的发展任务。在这个阶段，他们会面临自我的困惑，积极努力的认识、了解和发展自我；他们渴望朋友，寻找友情和爱情；他们充满着求知欲，规划着自己的人生蓝图；他们努力获取进入社会的资本，积极地适应社会。但是，在快速发展的社会和日趋激烈的竞争面前，他们在学习、情感、人际、生活、工作等诸多方面，面临着各种挑战，也容易滋生各种心理困扰。这些心理困扰就成为教学的内容。第二，教学对象的学生主体性。大学生心理健康教育课以大学生为主体，不论从教学内容的选择，还是教学过程的实施，还是教学效果的评估上，都需以促进大学生心理健康水平的提升为出发点和评估标准，力争发挥大学生心理健康教育课"自助"的功效，实现师生在心理健康上的自得自动，学有所获。

（二）大学生心理健康教育课的教学方法——感悟体验，学生先行

大学生心理健康教育课怎么教才能调动学生学习的积极性，让学生在自觉的学习下学以致用？有研究显示：大学生们认为最需要，但同时也最不满意的课程均为心理健康课。这是一个非常尴尬的结果。如何摆脱大学生心理健康教育课的困境，在教学方法上，需要真正调动学生内在的学习动力，让他们去体验感悟，在身体力行下感受自身的心理状况，从而调动所有资源，促进身心健康发展。通过感官感知外部世界，获得感受体验，形成感性认识；结合已有经验，联系现实，运用思维，在感悟体验下获得理性认识。从感性认识到理性认识的飞跃，让大学生能够更合理的看待自身的身心现状，从而寻求改变之法。教学做一体化的教学模式，注重做上教、做上学的理念，与这种感性——理性——应用的思想不谋而合。

在教学中，多采用游戏、团体活动、小组讨论、角色扮演等参与互动模式，带领学生在活动、游戏、探讨中体验心理健康的丰富蕴涵，提升自己的心理健康水平。例如，在探

讨大学生自我意识主题时，通过游戏活动"20个我是谁""独特的我""生命中的五样""遗失的世界"等探讨自我的内涵，认识每一个个体的独特性，自我的构成等知识，让学生认识生命中重要的东西，澄清自己的价值观，学会珍惜已经拥有的，懂得知足和感恩。通过这种方法，既能调动学生参与的积极性，又能将知识融入生活，在音乐、绘画等艺术形式中，调动学生的感官，在情境渲染下，启动理性思考。

"一切教皆是为了不教"，大学生心理健康教育课程的教学方法，是为了更好地让学生知晓心理健康是什么。如何维持心理健康，有效的教学方法须体现如下特点：第一，教学的生动性。心理健康问题关系每一个学生自身需求，学生带着强烈的学习动机参与学习，他们更需要的是维护心理健康的方法，如何运用这种方法。在教学中，不需要对一般学生过多讲授心理学的理论知识，在教学中，需要调动他们自身对心理问题的认识，每一个人都是天生的朴素心理学家。游戏、团体活动、小组讨论、角色扮演等参与互动模式，最大限度地调动学生的参与性，将心理健康内容以可感知、可体验的方式呈现出来，让其落地而非高居庙堂，用生动有趣的课堂形式调动学生学习的持久热情；第二，教学的有效性。"授人以鱼不如授人以渔"，不论传授多少的心理学知识，皆是为了学生能够应对生活，在社会中适应和发展。在教学中，方法的有效性在于学生将所学的运用于实践的能力。例如：在人际关系方面，通过角色扮演认识朋友之间的人际相处问题，通过小组探讨、脑力激荡了解人际相处的原则，通过系统雕塑的方法，学会如何改善人际关系。在这个过程中，学生参与体验获得感悟，能够即时思考问题解决之法，教学效果立竿见影。

（三）大学生心理健康教育课的教学评价——学有所感，学有所获

大学生心理健康教育课的初衷是为了提升大学生的心理健康水平，学生能够从自我主观经验评价、社会适应、统计学评估标准以及自身的行为标准上进行衡量，处于常态水平而非异常水平。因此，大学生心理健康教育课的教学评价应立足于学生，从学生自身的知情意行上考量，真正让学生学有所感、学有所获。

大学生心理健康教育课的教学评价，偏重学生的自我评价，结合教师的评价、同学评价和社会评价，在考核中，需要凸显学生将知识应用于实践的能力。如：学生在学习了人际关系这一章节后，能够拓展自己的人际圈，多结交了朋友；能够在不同的情境中，自主的表达交流；遇到人际冲突后，能够想方设法化解冲突。这就说明学生在学习人际关系这部分内容时已经学有所获。如何评估呢？教学不可能在学生学习之后的很长时间进行评估，这就需要设置多种生活场景，模拟现实生活，让学生在场景考核中发挥自己的能力。评委由任课教师、同班同学、其他同行构成，依据学生在场景中的真实表现进行综合评估。

教学评价不是为了考学生、考教师，而是为了检验学生是否在学习后有所变化。在教学评价设置时只有唯一的标准：学生的变化。变化是最好的检验，学生对自己有了更清晰的认识，能够悦纳自己和他人，能够激励自己，能够结交朋友，能够正常的与异性交往，能够珍爱生命等，这是最好的检验教学效果的指标。学生的变化可以通过学生的自我评价、

场景考核、案例探讨、社会行为观察等多方面了解。心理影响行为，行为反映心理，心理没办法直接获知，只能通过行为间接反映。通过观察学生的变化，可以从学生的行为、态度中了解学生是否学有所感，学有所获，真正体现大学生心理健康教育课开设的课程初衷。

"教学做一体化"认为：教、学、做是一件事，不是三件事。我们要在做上教，在做上学。在做上教的是先生，在做上学的是学生。做是核心，也是评价的来源。大学生心理健康教育课，教师、学生、教学、学习，需要统一于做。基于此，"教学做一体化"的教学模式，可以应用于大学生心理健康教育课。

第四章 新时期大学生心理健康教育方法

第一节 大学生心理健康教育的新视角

主观生活质量指的是个人对重要的需求、目标、愿望在多大程度上获得实现的主观评估。主观生活质量可以是对整个生活领域的全面质量评估，也可以是对某一特定生活领域的质量评估。研究证实，大学生主观生活质量与个体自身人格特质和认知因素有关，同时，一些外在的环境因素也会对主观生活质量产生一定影响。主观生活质量的相关研究给予学校心理健康教育工作很多启示，不断促进大学生主观生活质量的提高也成为学校心理和教育工作者的工作目标之一。

在过去很长一段时间里，学校心理和教育工作者们把工作重点放在对学生心理问题与疾病的事后干预与治疗上，然而，对大学生积极行为的研究显示，只关注心理问题的事后干预的做法对学生日后的健康发展是很不利的。积极心理学认为更有效的做法是，在心理问题发生和发展之前先行培养学生自身的积极力量，这种力量使人能更好地适应多变的环境并可降低心理疾病的发生概率，也可以改善学生的学习表现，其中主观生活质量正属于我们要努力发展的这类心理力量之一。对儿童与大学生心理健康的调查研究表明，大学生的主观生活质量与他们的不良行为间呈显著负相关，大学生低水平的主观生活质量与物质滥用、暴力行为之间存在一定的关系，初中生主观生活质量能显著影响学生的学习成绩，儿童主观生活质量与心理健康水平呈显著正相关。因此，学校在对学生进行心理健康教育时有必要关注学生的主观生活质量。

一、概念的提出

关于生活质量的早期研究非常强调生活的各项客观指标，如收入水平、健康水平、受教育水平、消费水平等，而现在研究者日益关注生活质量的各种主观指标。有观点认为，生活质量是"源于一个人对自己整体生活的当前体验而产生的主观的幸福感受"。Frisch给主观生活质量如此定义，"a person's subjective evaluation of the degree to which his or her most important needs, goals, and wishes have been fulfilled"（主观生活质量指的是个人对重要的需求、目标、愿望实现程度的主观评估）。主观生活质量可以是对各个生活领域的全面评估，也可以是对某一特定生活领域的评估。不难看出，主观生活质量强调的是个人的主观体验和评价，与个人的认知密切相关。

二、大学生主观生活质量的相关因素研究

当前研究者们对成人的主观生活质量的研究成果丰富，对于大学生的主观生活质量的研究数量和程度远远不及对成人的研究。查阅已有的文献资料可把关于大学生的主观生活质量的相关因素大致分为两类：内部因素和外部因素。

（一）内部因素

大学生主观生活质量的相关研究显示，性别、年龄和社会经济地位不会显著影响大学生主观生活质量，而大学生自身的人格特征与他们的主观生活质量有着显著相关。Hubner 研究发现，与3～13岁儿童的主观生活质量相关最密切的是儿童的自尊感、内在控制感和外倾性。Fogle，Huebner 和 Laughlin 的研究发现，大学生的焦虑特质、神经质倾向等气质特征与主观生活质量水平呈现显著负相关；王胜兴，徐海波和李好兰对少年儿童社交焦虑水平与主观生活质量的相关性研究发现，社交焦虑少年儿童的主观生活质量较差；杨颖，鲁小周和罗思亮对留守儿童的研究证实，学业成绩对留守儿童的主观生活质量有显著影响。

同时，部分研究者试图探索与大学生主观生活质量相关的认知因素，其中 Ash 和 Huebner 发现大学生的归因方式是消极事件作用于主观生活质量的中介因素，具体来说，大学生在生活中经常经历消极事件会使其对生活的控制感减弱，倾向于将生活事件进行外控归因，进而主观生活质量也随之下降。Fogle，Huebner 和 Laughlin 对气质和大学生主观生活质量关系的研究表明，中小学生体验到的自我社会效能感在外倾性与主观生活质量中起到中介作用。

（二）外部因素

越来越多的研究证实，居住环境、背景文化、生活事件等因素与儿童主观生活质量相关显著。如 Homel 和 Burns 的早期研究发现，住在住宅区的儿童比邻商业区或工业区居住的儿童的主观生活质量稍高；Sam 开展的一项针对背景文化结构影响主观生活质量的研究显示，生活于单一民族环境中的大学生比生活于多民族杂居环境中的大学生体验到更多的幸福感。另外，Ash 和 Huebner 的研究表明，大学生的主观生活质量与其生活中积极和消极事件的出现频率相关；Fogle，Huebner 和 Laughlin 进一步指出，生活中的积极事件相较于生活中的消极事件能更大地影响大学生的主观生活质量。

家庭因素，如家庭教养方式、来自父母的支持、父母的婚姻状态、父母关系等，都能影响大学生的主观生活质量。Huebner 的研究表明尽管良好的同伴关系与大学生主观生活质量呈显著相关，但他们的主观生活质量与亲子关系的相关程度更高；Dew 与 Huebner 也发现，父母间的关系比他们自己的外貌和他们对学业的自我评价更能影响他们的主观生活质量；Leung 和 Leung 的跨文化研究进一步证实了亲子关系对大学生主观生活质量的影响

力；周琴，刘晓瑛和宋媛对苏州市某社区 8～10 岁外来儿童主观生活质量及其影响因素的调查发现，外来儿童的家庭关系对其主观生活质量影响较大；胡华，张波和陈云华在研究儿童主观生活质量的影响因素时发现，家庭关系对儿童主观生活质量影响较大。

大学生的主观生活质量也与他们的校园经历相关。如 Huebner，Funk 和 Gilman 发现，大学生低水平的主观生活质量与他们对学校与教师的消极态度显著相关；Baker 的研究显示，对老师与学校怀有积极态度的学生更能体验到较高的主观生活质量并表现出更多的社会期许行为。Baker 的研究证明，大学生较高的主观生活质量水平与其参与课外活动（如体育运动、俱乐部活动等）的程度相关；胡华，张均华、梁剑玲研究指出，校园同伴关系对少年儿童主观生活质量中总体满意度、情感成分和认知成分有显著影响。

三、大学生主观生活质量研究对学校心理健康教育工作的启示

对大学生主观生活质量的相关研究给予学校心理健康教育工作很多启示，主观生活质量不仅是种结果变量，它也可以作为外部环境与大学生行为之间的中介变量而发生作用，因此，不断促进学生主观生活质量既是学校的心理健康教育的最终目标之一，也是预防学生问题行为产生的有效手段之一。

（一）对心理评估方式的启示

学校传统的心理评估重在对心理疾病严重程度的评估（如使用 SCL-90 量表进行评估），对大学生主观生活质量的研究为学校心理和教育工作者提供了一种新的工作视角，学校心理工作者应考虑对学生自身积极力量与环境中的积极因素的评估，其中就包括对学生主观生活质量的测量。对学生主观生活质量的日常测量能为学校心理健康教育工作提供重要信息，大学生主观生活质量量表作为筛选工具，对处于危机边缘的大学生能起到识别作用；已有研究表明，在各类学习问题（如辍学）与健康问题（如抑郁、自杀、呼吸道感染）出现前，个体的主观生活质量都会有所下降。显然，主观生活质量量表可作为一种快速诊断工具。因此，对学生主观生活质量的评估不仅能在学生的心理问题与不良行为的预防工作方面发挥作用，而且也为促进学生心理健康的工作提供方向。

（二）对心理干预策略的启示

学校心理和教育工作者以改变大学生人格特质为目标的长期干预是比较困难的，旨在提高学生主观生活质量的干预策略更切实有效，这种心理干预可采取综合的方法，应体现出学校、家庭和学生个人的共同努力。在学校，学校心理和教育工作者可以采取短期认知—行为疗法，改变学生的消极认知（如外控归因方式、低社会自我效能等），进而改变他们对人生的消极评价。与此同时，鼓励学生参与有意义的校内集体活动、培养学生解决问题的技能，让学生的个人努力对干预过程发挥积极作用。另外，必须注意的是，家庭的支持对学生的主观生活质量水平的提高有重要意义，若能对学生家长进行必要的培训则会让干预过程更完整，对学生家长的培训首先是为了帮助家长认识到他们对学生心理健康潜在的

影响力，然后帮助他们发展家庭对学生的支持性力量。

（三）对学校环境建设的启示

虽然主观生活质量是一种个人体验，但对它的研究已清楚地显示出生态因素的作用。可见，要改变学生的主观生活质量水平和行为，仅要改变学生个人也要改造周围环境。学生若对学校和教师持有积极评价则更能体验到较高的主观生活质量，而且倾向于表现出更多的社会期许行为，那种只关注改变个体自身而忽视改造周围环境的干预过程明显是有欠缺的。因此，学校心理和教育工作者如能更多关注学生对校园环境的体验将有利于实现心理健康教育目标。学校应以提高学生主观生活质量为着眼点，建设积极校园环境，如积极开展绿色校园建设、组织丰富有趣的学习活动、举办各种校园公益活动等，以增加学生在学校中经历各种积极事件、获得积极情绪体验的机会，这对提高学生的主观生活质量水平是有帮助的。

目前国内关于大学生的主观生活质量的研究仍未全面展开，已有研究也大都限于特殊儿童（如多动症儿童、留守儿童、社交恐惧症儿童等）群体，且数量不多；国外关于大学生主观生活质量的研究虽不及成人研究，但也积累了一定的成果。研究表明，大学生高水平的主观生活质量能预测更多的适应行为，与适应功能相关的各种变量与大学生的主观生活质量相关。但是主观生活质量的相关研究中大部分都只是以一次性的相关研究为基础，变量间彼此相关的方向尚不清晰，需要更多的设计严格的纵向研究对这些问题加以解释。不断促进学生主观生活质量既是学校的心理健康教育的最终目标之一，也是预防学生问题行为产生的有效手段之一。学校心理与教育工作者们应从当前研究中搜集有价值的信息，在学校心理健康教育的实践当中自觉应用研究成果，对传统的学校心理健康教育进行必要的补充与改革，最终为实现学校心理健康教育目标服务。

第二节 音乐教育与大学生学生心理健康

习近平总书记强调，以新的方式推进立德树人工作，培养德、智、体、美、劳全面发展的社会主义建设者和接班人。积极尝试在音乐教育方面帮助大学生提升心理品质是贯彻落实习近平总书记会议精神的具体体现。从大学生心理健康现状入手，分析音乐教育对心理健康成长的促进作用，提出在音乐欣赏教学中采用以活动为主、开展合唱训练、鼓励和引导等手段帮助学生心理健康发展。

音乐教育属于美育的一部分，它能提高学生心理素质、培养审美情趣，达到修身养性、净化心灵的目的，也是开展学校德育教育，培养大学生立德树人的重要途径。大学生是中国特色社会主义的接班人，随着现在物质水平的逐步提高，他们更需要心灵上的关爱和帮助，心理健康关系着他们一生的发展。习近平总书记在2019年全国教育工作会议强调，要"重点针对长期以来疏于德、弱于体和美、缺于劳的问题，换脑筋、换思路、换办法、改环境、改途径、改习惯，让立德树人回归社会、回归家庭、回归生活，以新的方式推进立德树人工作，培养德、智、体、美、劳全面发展的社会主义建设者和接班人"。因此，通过音乐教育去促进、帮助大学生心理健康成长，制定切实可行的音乐欣赏教学模式具有重要意义。

一、大学生心理健康现状及原因分析

大学生时期主要指少年期和青年初期，大约十一、十二岁至十八、十九岁，也就是学龄中晚期。这个时期是由不成熟的童年期走向成熟的人生道路的转折时期，是人生极为重要的关键时期。在这一时期，大学生从生理、心理、知识、智力等各个方面都有巨大发展，他们不仅学习各科知识，发展智力，而且寻求友谊，探索人生的意义，树立理想，初步形成人生观和世界观。同时，他们也面临着许多成长中的困扰和问题。

（一）大学生面临的心理健康问题

学习方面，大学生正处在学龄期，学习上的竞争压力日益增大，除了面对老师的要求、父母的期待，他们还要承受中考、高考可能带来的巨大心理压力。有的学生容易紧张，对自我要求较高，常在考试前或考试中产生焦虑情绪，严重的甚至表现为焦虑泛化，出现食欲不振、失眠、呼吸困难等生理问题；有的学生面对学习压力，在屡次遭到失败后产生厌学的情绪，遇到学习上的问题和困难采取逃避的态度，在学校被老师批评，在家受到父母的指责，对于学习越来越排斥。

人际关系方面，现在的大学生个性突出，以自我为中心，在生活中父母对其百依百顺，面对集体生活时很少能主动关心他人，宽容他人。因此，若与老师、同学意见不合或发生摩擦、矛盾等，往往缺乏正确的沟通和交流，甚至变得孤僻、独来独往。还有的学生因缺乏与父母之间的沟通，常处在不和睦的家庭关系中，性格专横、固执，再加上有的学生属于单亲家庭，会感到自卑或得不到关爱。

大学生进入青春期时，由童年期逐渐向成人期过渡，在这一段特殊时期他们的生理、心理都发生着巨大的变化，但他们的认知还处在天真、理想化的状态，往往容易出现自卑、逆反等心理。一方面，他们迫切地希望自己独立，具有成人感；另一方面，他们在学习、生活、经济上都需要依赖父母和老师。当父母或老师不能认同自己的观念或过度干涉时，他们就会产生强烈的反感，有的甚至走向另一个极端，完全拒绝家长和老师的帮助，这就形成了所谓的"叛逆期"。

（二）大学生心理健康问题的原因

随着现代信息化的不断发展，大学生可以接触到不同国家、文化、宗教信仰等各方面的思想，他们的身心还尚未成熟，许多负面、不良的社会风气和思想会侵害他们的身心健康。有的网络游戏渲染暴力、色情，还有许多垃圾影音制品充斥文化市场，导致大学生的世界观、人生观、价值观产生问题和偏差，也势必会诱发许多社会问题。

习近平总书记在第一届全国文明家庭表彰大会中强调：家庭是人生的第一个课堂，父母是孩子的第一任老师。家庭教育对孩子的心灵成长有着潜移默化的深远影响。有的父母对孩子属于"溺爱型"，特别是隔代抚养的家庭，对孩子提出的各种物质要求有求必应，却疏忽了思想上的引导；有的父母属于"专制型"，对于孩子方方面面都加以严格控制，很少倾听孩子的心声，导致孩子出现叛逆或自卑；有的父母属于"放任型"，孩子只管养、不管教，对孩子在学校的表现不闻不问，导致孩子学习习惯差，组织纪律性差，对任何事都采取无所谓的态度。

学校教育和管理水平的参差不齐也影响着学生的健康成长。在我国长期以来的应试教育体制下，学校追求升学率，看重学生的考试成绩，老师也要忙于如何帮助学生提高成绩。因此，在不同程度上学生的心理健康教育、素质教育被排在次要的位置。但学生在成长中除了需要学习知识武装头脑，更需要在思想上获得引导，帮助他们树立正确的是非观，将来成为社会的有用之才。

大学生之所以会产生各种心理健康问题还有一个因素是他们自身。进入初中后，也是学生"心理危险期"的开始，他们在生理和心理上都逐渐发生变化，迫切地需要别人把他们当成人看待，希望得到更多的独立的活动空间以及认可，但又缺乏生活经验，不能正确看待自己的问题。若在这一阶段家长、老师能充分认识到孩子的问题，及时处理，就能帮助他们顺利度过这个阶段；反之，这种心理问题可能会延续到高中阶段甚至更久。

大学生时期是每个人心理发展的重要阶段，出现心理健康问题是很常见的现象，想要走进学生的内心，引导学生的思想，音乐教育有着比其他学科更独特的优势。

二、音乐教育对大学生心理健康发展的促进作用

音乐是心灵的迸发，它来自于人们的内心，又对人的心灵产生反作用。柏拉图曾说："音乐教育除了非常注重道德和社会目的外，必须把美的东西作为自己的目的来探求，把人教育成美和善的。"因此，将音乐教育用于帮助促进大学生心理健康发展是尤为重要的。

（一）帮助自我认识与接纳

认识自我，是我们认识整个世界的起点；接纳自我，是我们与外部世界和谐相处的基础。大学生时期正是自我意识发展的重要时期，尤其是进入青春期以后，他们忽然意识到了"我"的存在，开始学习独立思考问题。在这个过程当中，针对自己大量的反思难免给他们带来"迷失"的感觉。聆听、感受音乐不仅能帮助他们内在思考和领悟，还能通过音乐与外部环境建立联系，在接触音乐的过程中回顾自己的童年，了解自己的喜好与个性，从而建立良好的自尊、自信，帮助他们认识自己，以积极乐观的心态接纳自我。

（二）调节情绪

心理健康的重要表现之一就是对情绪的良好感知和控制，这既包括自己的情绪管理，

也包括对他人情绪的感知。大学生由于生理和心理的快速转型,对外部环境容易过于敏感,情绪反应往往十分激烈,起伏剧烈,表现出冲动、易怒、暴躁、叛逆的特点。音乐是情感的艺术,欣赏音乐能帮助大学生提高情绪的感知力,聆听音乐还能有效缓解不良情绪带来的心理压力,让情绪有所排解。贝多芬说过:"谁能渗透我的音乐,便能超脱寻常人无法自拔的困难。"可见在学习音乐的过程中,学会感知苦痛、感知他人的情绪体验,也能帮助自己形成坚韧、坚强的心理品质。

(三)树立正确的人生观、价值观

有的大学生虽然没有表现出明显的心理问题,但每天昏昏欲睡,得过且过,对于自己的未来缺乏目标,这种状态是一种心理"亚健康"。对自己未来的职业生涯进行合理的规划,是每个人毕生的重大课题。合理的规划需要建立在正确的人生观和价值观上,而诸如《我和我的祖国》、《黄河大合唱》、《旗正飘飘》、《毕业歌》等具有中华民族特色的经典音乐作品,不仅能让学生感知到音乐家那不屈不挠的顽强精神,更能培养学生的对青春、对生命、对祖国的热爱,帮助、促进学生树立有追求、有理想的人生目标,潜移默化的影响大学生价值观的形成。

三、在音乐欣赏教学中促进大学生心理健康发展的途径

(一)以活动为主,强调主观体验,帮助学生融入课堂

大学生正处于自我认识和自我管理的能力较弱的时期,想要对他们进行心理健康辅导不能只讲道理、摆案例,这样的方式大多数学生都很难接受。传统的音乐欣赏课只停留在介绍和聆听,乐曲虽好,但缺乏互动参与。若在课堂上设计有趣味性的音乐体验活动,例如在播放一段音乐时,让学生用左右手相互配合,根据老师给出的口诀,学习配合音乐简单地打节奏。通过类似的团体训练活动帮助学生在轻松的氛围中进行主动的参与和体验,那么既能减少学生对于"课堂说教"的抵触情绪,也降低了在学习过程中的紧张感、压力感,使他们可以更自然地展现自己的特长与优势,体会在课堂活动过程中带来的体验和认识。

(二)开展合唱训练,创设学生互动学习,加强信任合作

处在同一年龄阶段的大学生遇到的问题和困惑往往十分相似,而预防大学生出现心理健康问题的重要手段之一是同伴的关心和帮助。相比老师与学生、家长与学生,同龄学生之间更容易进行心灵的沟通,他们也更渴望得到身边同学的接纳与信任。如今合唱艺术已经与流行音乐、新音乐打成一片,成为年轻人喜爱的音乐类型。音乐欣赏课中正好可以给学生开展合唱训练的机会,一方面,让学生接触、了解不同类型的音乐作品,开阔眼界,提升欣赏水平;另一方面,通过集体合唱训练能增强同学之间的集体荣誉感和归属感。在学习合唱的过程中既需要同学之间相互交流、相互帮助,也需要他们相互配合、相互信任。因此,开展合唱训练能较好地促进学生之间形成良好、积极、健康的心理状态。

（三）丰富教学内容，鼓励学生主动展示

促进大学生心理健康发展包括方方面面，除了发展自我意识、情绪调控、人际交往等，还包括学习潜能的开发。科学研究表明，人的大脑两半球有一定的分工，左半球执行着言语和抽象思维的功能，称为优势半球；但右半球的功能与空间位置、形状、音乐及情感等方面的信息有关，在生活中也有重要意义。音乐虽不能表达明确的思想，但它对称的结构、起伏的旋律、张弛的节奏都能对人的感官产生直接的刺激，让大脑及神经系统放松或兴奋，帮助想象力的开发。课堂上可以通过用色彩与音乐、音乐的情绪、音乐冥想等方式充分调动学生的视觉、听觉、触觉、嗅觉，鼓励学生在小组和班级里分享自己的体验与感受。在学习的过程中学生从被动听，到主动展示，不仅能提高学习效率和记忆力，还能锻炼自己的心理素质，提升心理健康水平。

（四）适时引导，为学生的成长保驾护航

课堂活动就是善意的"圈套"，它把学生引入其中，让他们不知不觉地获得成长。在学习的过程绝不是一帆风顺的，学生可能会遇到各种各样的问题，有的学生对音乐及艺术感兴趣，但认识较浅，了解范围仅限于流行音乐或街舞；有的学生一开始就认为自己五音不全，对于音乐学习有自卑和抗拒的心理，这时老师需要及时了解学生的心理状态，根据不同学生的情况给予适当的引导。因此，教师必须掌握教育学、心理学以及专业知识，根据大学生身心发展规律有的放矢地开展教学活动，关注学生的成长动态，在教学时耐心地辅导学生，帮助他们克服心理障碍，助力他们健康成长。

音乐教育对大学生的心理健康起着重要作用，也是提高素质教育不可或缺的重要内容。聆听音乐、感受音乐、分析音乐、记忆音乐、评价与鉴赏音乐不仅是在激发学生学习兴趣，开阔学生视野胸襟，更是在丰富学生的精神世界，开发学生潜能，提升学生的心理素质。只要坚持科学的教育思想，遵循学生心理发展规律，采取正确的教学手段，将音乐教育与心理健康教育有机结合起来，能有针对性地帮助学生心理健康发展，为促进大学生心理健康贡献一分力量。

第三节　大学生活动中心实施心理健康教育

大学生是国家的未来。俗话说："少年强，则国强。"在大学生的成长阶段，成绩的优异与否已经不是学生成长时期的主流。学校及家长关注的重点，是学生的心理健康与否。而且，很多案例也说明了对学生心理健康教育的重要性。基于此，本节就对大学生活动中心实施心理健康教育做出简单的分析和阐述。

随着时代的发展，国家对学生的教育也投入很大的精力。除了要保证学生的学习成绩以外，还要重视起对学生的心理健康的建设。高校在对学生的教育期间，要多组织学生进

行一些大学生的心理健康活动。这样才能全方位的对学生的心理健康教育起到一定的效果。当今社会讲究素质教育，因此，为了能够保证学生的全面发展，那么就应该对学生的心理健康教育提起高度的重视。

一、事例说明对学生心理健康教育的重要性

在现实生活中，有很多的案件主人公都是学生。未成年的学生也有，上大学的学生也有。在看到这些令人痛心的新闻时，人们的第一反应就是，"上学的时候，学生都学了什么？怎么考了这么好的大学，成绩这么优异还能干出这种事情呢。"所以，这也就证明了大部分家长的共识，只要学生的学习成绩优异，那么学生的其他方面也一定很优异。

实则不然，放眼整个社会，有很多优秀的人成绩优异、事业有成。但是，这些人还是会做出错误的事情，这证明他们的心理是不健康的。举例说明：今年造成较大影响的"江歌案件"。凶手"陈世峰"身为日本留学生，这个身份就足以证明他的成绩最起码是很优秀的。而且，"陈世峰"所学的专业还是汉语专业，这证明他的文化底蕴还是很深厚的。但是，为什么他还是能做出这样伤天害理的事情呢。通过调查他身边的人，大家对他的评价是：虽然长得一表人才，看起来也很温柔，也很会与人相处。但是一涉及自身的利益关系，他就会变得很凶。甚至调查他的前女友，前女友也表示，两个人发生争吵，陈世峰会动手打人，而且是属于报复行为。

这就完全说明，陈世峰的心理是扭曲的。在他的认知里，他不允许别人伤害自己，但是自己可以伤害别人。所以一个人的心理健康与否，成绩是做不出保证的。而且一个人的外貌也是无法做出保证的。

通过这些类似相关的案例的证明，足够让我们提起对学生的心理健康的重视。在学生未成年之前，就做好对其心理健康的建设。从而保证学生的未来能有一个更好的发展。因此，在对大学生的教学过程中，一定要高度重视对学生的心理健康教育，校方以及家长应该多带领学生去一些大学生活动中心。才能保证可以从根本上让学生感受到学习心理健康教育的重要性。

二、对学生心理健康教育的具体措施

在教育部门提出对学生心理健康教育的时候，我们学校就积极的响应教育部门的号召。而且，为了保证对学生的心理健康的教育实施，我们学校分别在2017年和2018年的时候，组织了很多的比赛和活动。

2017年，为了丰富学生的课余生活以及拉近老师和学生、家长和孩子之间的距离。我校举办了风筝大赛和益智器具比赛，并且邀请了所在社区的党员带领学生进行了入党誓词的活动以及重温红色教育。其目的就是在学生的心里牢牢地打下坚实的基础，牢记革命前辈为我们现在美好生活的付出和洒出的热血。

2018年，我校接待了工农分局禁毒大队和社区的参观，对学生进行禁毒教育。为学生普及毒品的危害以及让学生学习到各种可以保护自己的技能和方法。学生是我们的未来，是祖国的花朵。我们身为老师不能保护他们一辈子，但是可以教他们保护自己的方式。

学生在老师的心里，除了是学生的身份之外，更像自己的孩子。因此，教育学生就像教育自己的孩子一样，用心且尽力。传授他知识的同时，还要关注他的心理变化和心理健康。为学生的未来更好的负责和做出保障。

三、大学生活动中心存在的意义

在当今的社会发展来看，教育从质量教育变成了素质教育，社会也慢慢地变成了素质社会。想要更好的在学校以外对学生进行心理活动，设立相应的活动机构也是必要的。随着时代的发展，越来越多的问题会慢慢浮现，与其发生这样的事情，不如提早的对学生进行预防，从而杜绝危险事情的发生。

大学生活动中心的设立，就是为了给学生提供一个活动和学习的区域。在大学生活动中心，学生可以学习和接触到课本之外的知识和内容，能够全面的对学生的进行心理辅导。更重要的是，在大学生活动中，大学生可以在社区参加各种积极向上的活动，这是学校方面做不到的。而大学生活动中心建设的意义就是为大学生打造属于他们自己的天地，学生可以在这里释放自己，学习新的知识和内容，还能培养自己的优良习惯和生活能力。

大学生活动中心的创立，起到的作用和意义都是积极向上的。他们能更好地了解学生的内心，向学生普及更多适合他们的学习方式或者心理知识。这都是为了能够帮助学生在未来和以后的生活中，能够积极正确且健康的生活和成长。

总而言之。在大学生成长的阶段，不应该过多的重视学生的学习成绩。一个人的优异，不仅仅是成绩还有素质和心理。一个人的全面发展，就是要对学生的内在和外在都要重视。而且，现在社会发展速度飞快，网络技术发达，大学生的辨知能力又不够好。所以在教育的过程中，一定要重视到学生的各个细节方面。而心理健康问题，更值得老师和家长的关注。在教育的过程中，一定要结合社会各个方面的资源和能力，从而为国家培养出心理健康、十全十美的人才和栋梁。

第四节 案例法介入大学生心理健康教育

为更好地提高大学生心理健康教育实效，本节理论阐释与案例分析相结合，分析了案例法的内涵和特点，重点分析了在大学生心理健康教育中的应用策略，切实丰富学生的心理健康知识，提高学生对有关心理健康问题的认识，增强他们的自我调适能力，促进学生形成良好的心理品质，塑造健全的人格。

自 20 世纪 80 年代中期始，我国中小学相继开展心理健康教育，将心理健康教育纳入到工作计划之中，并启动心理健康教育的理论与实践研究。我国心理健康教育改革逐步深入，陆续提出了情景教学法、角色扮演法、体验教学法、案例分析法等一系列心理健康教育方法。本节结合笔者多年的教学实践，重点探讨案例分析法在大学生心理健康教育中的介入应用，以期更好地提高大学生的心理健康教育效果。

一、案例法的内涵阐释

19 世纪 80 年代，哈佛大学首先提出了案例法，后被哈佛商学院用于更好地培养高级经理人才，提高商业精英的管理能力；又被许多公司借鉴过来，更好地提高员工的综合素质。今天，案例分析法已经成为各个企业对员工进行培训教育以及各类医疗卫生、教育教学研究活动中非常重要的教育培训方法。案例法最为突出的特点是结合学生实际，把抽象的教育理论、教育知识、教育技巧和现实案例有机结合起来，是学生分析讨论最为重要的依据，也是帮助学生更好地提高理论认识水平、增强实践应用能力的重要纽带。

从心理学的角度来看，案例又被称作个案，是社会生活中的一些个别现象或者事件，案例是对具体情境的真实客观描述。案例首先应具有真实性，必须来源于学生的生活实际，是学生生活当中确实发生，并且学生比较认可的一些事实，这些事实可能是某些学生的真实经历，或者是其他学生能够在生活中真切感受到的事件。其次，个案具有突出的典型性，虽然是某个学生或者某一事件，但是代表着生活中的一类现象或者问题，这个问题在学生生活中经常见到，在学生身上经常发生，可能是每一个学生在生活当中都会出现的问题。最后，案例还必须具有启发性，能够让学生从具体的案例分析中认识到相关的问题，透过现象事件来更好地反映背后本质性、规律性的东西。让学生能够得到更多的启发，认识现象背后的本质特征，帮助学生更好地开拓思路，进而促进学生更好地学习相关理论和知识，真正让学生从思想上认识、从行为上改变，教给学生具体的思考问题、解决问题的办法。

二、大学生心理健康案例法介入的基本特征

案例法介入是对大学生进行心理健康教育非常有效的方法，能有效提高学生的心理健康水平，培养学生良好的人格修养，促进学生性格全面发展。案例法在心理健康教育中具有明确的目的性、突出的问题性、深刻的启发性、师生的互动性和较强的综合性。而在大学生心理健康教育中具有以下几个方面的明显特征。

问题突出。运用案例法对大学生进行心理健康教育，要给学生展现一个个非常鲜活的案例，每个案例都有特定的个人经历，而且是很常见的一些心理健康问题和行为问题，这些问题都具有非常突出的特点，所表现出的行为都具有明显的异常特点。引导学生进行心理健康学习就是从学生的学习和生活实际出发，让学生通过分析具体案例中所表现出来的非常明显的问题，找到各种问题的根源，分析这些异常行为背后的心理问题，让学生掌握

相关的心理健康知识，帮助学生更好地进行自我心理调适，提高学生的分析和自我调节能力。

目的明确。案例法是一种非常有效的心理健康教育方法，教师为了更好地提高心理健康教育的效果，实现预定的教学目标，要对案例进行深入分析、精心选择。在编排和组织教学活动中，尤其是在具体实施过程中，围绕着学生所存在的心理健康问题，结合教学目标，通过具体的教学任务引导学生对相关的案例认真阅读、讨论思考、领悟总结。典型案例，能够针对学生的生活实际，结合学生的心理健康发展阶段特点和突出问题，能够对学生进行有针对性的分析指导，达到预期的教学目标。

启发深刻。案例法在大学生心理健康的介入教育，具有比较明显的启发性。每一个案例都要在教师的引导下给学生以更好的启发，引导学生独立思考、深度分析，然后小组讨论。让学生在小组讨论过程中相互启发、相互促进，实现思维方式的灵活转变、思维方法和观点的碰撞，让学生获得更多的知识，不断拓展学生的思路，丰富学生分析和解决问题的方法和技巧，增强学生对相关知识的认识程度和领悟能力，从而不断提高学生对各种心理偏差的认知和分析能力。

互动性强。案例法不仅要对学生进行分析阐述，更为重要的是教师和学生能够很好地结合案例进行有效的互动，让学生去更好地分析知识、发现问题。通过师生之间、学生之间的对话交流，让学生能够得到更多的启发，获得更多的共鸣，从而实现教学的共振，让学生在多元互动的学习氛围当中获得更多的心理健康知识，促进学生更好地针对问题进行思考，不断提高自我调节能力。

三、大学生心理健康教育案例法介入的步骤与要求

教师精心选择案例，确保学生真切体验。选择案例是对学生进行心理健康教育的前提，教师要针对学生的实际，围绕教学目标，整理更多的教学案例，从中选择最适合学生发展和能力提升的典型案例。比如，针对学生入校以后所表现出来的意志消沉、理想陨落、精神颓废等现象，给学生进行相关的心理健康教育，引导学生更好地守护心灵，重新燃起学习的热情、拼搏的斗志。

案例：小刘是一个让家长引以为豪、亲戚羡慕不已、同学小有嫉妒的好学生，有理想、有抱负、爱学习、有追求，希望依靠自己的辛勤拼搏考入理想的象牙塔，圆自己的大学梦。因此，为了能够问鼎名校，他辛勤刻苦、废寝忘食、专心致志，放弃了很多爱好，利用一切能够利用的时间学习，但还是感到自己比不上那几个优秀的学生，无论怎么努力，总是有一定的差距无法实现超越。于是，他开始怀疑自己，产生了自卑、嫉妒心理，甚至有了放弃理想的念头，心理上渐渐心灰意冷，行为上开始放纵自己，偷偷抽烟、喝酒。

这些心理行为表现在学生当中经常会出现，也是很多学生在遭遇挫折时所采取的一些行为方式。这个案例就具有典型性、普遍性、真实性、代表性，很容易让学生获到思想上

的认同，并且能够激发学生的学习兴趣，让学生能够针对各种问题去思考、去自我认知，提高学生的心理健康品质。

精心组织分析讨论，做好师生有效互动。对典型案例进行分析讨论是实施案例法心理教育的核心环节，做好这个环节应该设计好相关的问题。要为学生提供较好的话题，结合学生已有的知识，围绕学生的心理特点，针对要实现的教学目标，提出与学生心理和教学目标密切相关的并且富有启发性的问题，让学生合作交流讨论，并且能够和学生一起参与讨论，做好师生之间的互动。比如，为了让学生能够更好地了解人的情绪表现形式、学会自控，笔者通过多媒体播放动画，给学生介绍一个案例供学生感知分析。

案例：体育课篮球训练，小文与小夕发生了肢体碰撞，小夕很生气地指责小文动作不规范、篮球技术差，让他立即下队。小文感到很难堪，一生气就跑了，跑了一段距离后原路返回，对着这位同学歇斯底里地大吼：你真没有修养、缺乏教养……并动起手来，经过其他同学竭力劝阻才平息下来。发泄了自己的愤怒之后，看到那位同学的生气模样，小文有些许的痛快。这些现象司空见惯，很多都发生在学生自己身上。接下来给学生提出问题，小文此时表现出来的是一种什么样的情绪？这样的心理和行为表现具有哪些特点？根据你的理解，你认为小明这样的表现合适吗？接下来就可以组织学生进行讨论。

这样，通过具体的案例给学生提出一定的问题，并针对问题组织学生进行合作交流，让学生能够站在不同的立场，从不同的角度进行分析，探讨事件背后的原因以及解决的措施，找出问题的根源。教师要鼓励他们根据自己的理解大胆思考、积极发言，并认真倾听学生所提出的各种问题和观点，尊重学生的观点和见解，针对学生所出现的问题或者偏离讨论主题的现象应该提出有针对性的引导策略，引导学生对问题进行深入的思考和讨论。

做好师生角色定位，认真做好总结评价。实施案例法教学，教师不能简单地灌输知识，要给学生提供鲜活生动的案例，组织学生分析研讨，做好激励指引。学生不再是被动地接受老师的机械说教，而是成为积极参与互动研究的主体，结合自身实际认真研究，在实践中加深认识，以实际行动践行相关理论。教师引导学生分析讨论以后，应该给学生留出更多的时间和空间，让学生对问题进行深入的思考、探究和总结，形成自己的结论性认识。最后，教师要对学生进行总结性评价。

例如，教师在组织学生讨论小文的行为、心理以及应对策略之后，需要针对学生自由发表阶段所出现的各种观点和认识，进行针对性评价，允许学生提出不同的观点和认识。这不仅能够很好地反映出学生的问题，实际上也是学生的心理表现。同时，对相关现象进行深入的剖析和点评，对学生正确的认识加以肯定，对学生不同的方式思考方法加以赞扬。当然对学生所出现的问题以及不正确的现象或者认识应该加以纠正，并提出一定的见解。还要归纳总结补充有关的知识，再对学生进行方法和技能辅导，提高学生的心理健康质量，让学生能够在教师的总结和评价中受益更多，对案例的点评应该做到因势利导、层次清晰、合乎情理。

注重课堂有效延伸，确保学生能迁移提升。心理健康教育要能够通过具体的案例，帮助学生更好地掌握相关的心理健康知识，提高学生的心理健康分析能力，加强学生自身心理健康意识的培养，帮助学生更好地认识自己，善于分析自己的心理和他人的行为，掌握各种心理自我调适的技巧和方法，从而引导学生进行心理健康的自我调适，提升心理健康水平。因此，要想真正地提高学生的心理健康水平，必须在案例教学的过程中做好有效地拓展延伸，让学生将有关案例中学到的知识、分析方法应用到自己的生活和学习实践中去。

例如，体育课上发生一些肢体接触和碰撞是很正常的事情，每一个学生在体育课上都会遇到这种情况，现在设想事情就发生在你们身上，我们需要应该怎么样的措施来应对？在我们身边也发生过类似的事情，他们是怎样处理的？如果你在旁边，你会是怎样的方式来帮助他解决这样的问题？这样能够很好地把学生所学的有关知识进行有效的拓展和延伸，从而把知识和技能与社会生活实践有机统一起来，不断提高学生的分析和解决问题的能力。

明确教法实施原则，凸显教法教育作用。

（1）保护个人隐私。案例教学法的实施要遵循一定的原则，首先要保护好当事人的个人隐私。运用案例法开展心理健康教育，所选的各个典型案例都是真实案例，为了更具说服力，选择的很多案例就发生在学生身边，当事人有可能就是学生的同学，甚至就是在座的学生，很多情况会关系到学生的个人隐私，影响到学生的同学关系、心情等。因此，一定要保护好当事人的个人隐私，必要时还要争取当事人的理解和支持。

（2）设计情理相融。心理健康教育是一门科学，需要理性引导；又是情感因素非常重的学问，要想更好地得到学生的认可，需要给学生真实的情感体验。为此，在设计相关教学案例时要考虑情感因素的融入，给学生一个较好的情感体验，增强教学效果。

（3）选择兼顾正反面。很多心理健康教育都是针对学生心理健康上存在的不良问题，反面案例居多，能够引导学生更好地结合具体问题，认识分析和改进。事实上，适当穿插一些正面案例更有启发作用，为此，一定要结合学生的实际问题，案例选择兼顾正反性质。

在教学过程中，教师要认真研究学生的心理特点、年龄阶段，针对每一个学生的心理特点和行为表现采取有针对性的教学，切实丰富学生的心理健康知识，提高学生对有关心理健康问题的认识能力，增强他们的自我调适能力，促进学生形成良好的心理品质，塑造健全的人格。

第五节　大学生心理健康教育政策的经济环境

大学生心理健康教育政策受不同经济发展水平的影响，对其经济环境进行研究十分必要。大学生心理健康教育政策环境主要是指影响大学生心理健康教育政策实施的物质设施设备生产、分配、交换和消费的情况，以及资源、师资、专家、生产力发展水平、人们心理健康需求水平等内容。研究者提出建立心理健康教育成本分担机制、专项经费机制和监管机制的建议。

历史唯物主义告诉我们，社会的经济基础决定上层建筑，上层建筑反作用于经济基础。任何一项教育政策的实施都需要经济保障，需要经济发展提供物质基础，否则就无法取得预期成效。作为教育政策的组成部分，大学生心理健康教育政策也是这样的，也需要经济发展所带来的足够的物质基础和保障。

我国心理健康教育事业可以借用赫尔曼·艾宾浩斯对心理学发展史的论断来形容——"心理学有着长久的过去，但是却只有很短的一段历史"，我国心理健康教育事业有着一个漫长的过去，但大学生心理健康教育政策却只有很短的一段历史。教育部于1999年8月13日颁布《关于加强中小学心理健康教育的若干意见》，被认定为我国大学生心理健康教育工作的一个里程碑。随后国家在《国务院关于基础教育改革与发展的决定》《中共中央办公厅、国务院办公厅关于适应新形势进一步加强和改进中小学德育工作的意见》《中共中央国务院关于进一步加强和改进未成年思想道德建设的若干意见》《国家中长期教育改革和发展规划纲要（2010—2020年）》等多个文件中都对加强心理健康教育有相当篇幅的说明和强调。《中小学心理健康教育指导纲要》及其升级版《中小学心理健康教育指导纲要（2012年修订）》更是当前指导与规范心理健康教育发展的"好声音"。在此期间，《教育部关于地震灾区中小学开展心理辅导与心理健康教育的通知》《教育部办公厅关于公布首批全国中小学心理健康教育示范区名单的通知》《教育部办公厅关于实施中小学心理健康教育特色学校争创计划的通知》等专业政策的出台，为完善学校心理健康教育政策系统发挥了各自作用，更为开展心理健康教育提供了标杆和榜样。

这些政策的实施、执行都离不开充足的经费支持、充分的物质保障，否则就会寸步难行，无论这些经费、物质基础是隐性的投入还是显性的保障。一项好的心理健康教育政策并不在于它设想得有多么美好，也不在于制定者提出的预期目标有多么高，而是取决于这一政策的实施成本社会、政府、学校等政策实施主体是否可以承担。显而易见，对大学生心理健康教育政策的实施、执行，一旦超过经济发展水平的预算、投入，就无法达到预期目标，甚至会阻碍教育改革与发展。这就需要对心理健康教育政策所生存的经济环境进行必要分析。

一、大学生心理健康教育政策的经济环境

所谓经济环境是指对政策系统有重要影响的各种经济要素的总和，主要由社会生产力和社会关系的发展状况构成，包括生产力的结构、性质（科技发展、国民收入、资源分配等）和生产资料的所有制形式（个人所有、集体所有、国家所有等）。经济环境是人类社会生活中最基本的环境。政策系统不可能超越经济环境所提供的条件和要求。只有正确地认识经济环境，才能有效制定和执行公共政策。教育政策运行的经济环境是指一定社会中影响教育政策运行的物质资料生产、分配、交换和消费的情况，以及资源、人口、生产力发展

水平、人们生活水平等内容。参考这一定义，研究者试着对大学生心理健康教育政策经济环境进行定义。笔者以为，大学生心理健康教育政策经济环境主要是指影响大学生心理健康教育政策实施的物质设施设备生产、分配、交换和消费的情况，以及资源、师资、专家、生产力发展水平、人们心理健康需求水平等内容。它主要包括影响心理健康教育政策实施的经济发展水平与经费投入情况等。

党的十九大报告提出，十八大以来的五年，我国经济建设取得重大成就。发展理念、发展观念、发展方式、发展质量和发展效益都在不断提升。经济保持中高速增长，在世界主要国家中名列前茅。可以说，大学生心理健康教育政策实施、执行所处的经济发展水平是十分优越的。各级地方政府也非常重视，培育名师、设咨询室、开展活动，个体咨询与团体咨询结合开展，政府、社会与校园相向而行。教育部制定《中小学心理辅导室建设指南》就是重视心理健康教育的突出表现，为心理健康教育政策的执行提出了明确的物质要求。

二、需求经费投入：基于心理健康教育专业政策文本的分析

自 1999 年至 2015 年，主要有 7 个心理健康教育专业政策文本。就中小学生来说，开展心理健康教育、实施心理健康教育政策需要经济保障，无论是开展心理健康专业师资培训、课程研发、心理咨询室建设，都与这些政策所处的经济环境无法分割、不能分离。这七个心理健康教育专业政策文本关于经费投入的内容分别如下。

1999 年 8 月 13 日，由教育部颁布的《关于加强中小学心理健康教育的若干意见》要求，各级教育行政部门和学校要积极为心理健康教育创造必要的条件，大中城市具备条件的中学要逐步建立和完善心理咨询室（或心理辅导室）。除了教师辅导参考用书外，不要编印学生用教材，更不能要求学生统一购买教材。该文本要求大中城市具备条件的中学建立专业心理辅导部门，没有延伸到小学学段，没有从学生教材方面提出支持。这与当时的经济发展水平有着直接关系。

2002 年 8 月，教育部颁布《中小学心理健康教育指导纲要》要求，要创设符合心理健康教育所要求的物质环境、人际环境、心理环境。统筹安排中小学专职心理辅导教师专业技术职务评聘工作。根据学校实际可以聘请一定数量的兼职教师或心理咨询人员。大中城市具备条件的中小学校要逐步建立和完善心理咨询室（或心理辅导室），配备专职人员。严格遵循保密原则，谨慎使用心理测试量表或其他测试手段，不能强迫学生接受心理测试，禁止使用影响学生心理健康的仪器，如测谎仪、CT 脑电仪等。该文本明确提出创设物质环境的要求，设立心理咨询室的要求从初中延伸到了小学，并对心理健康教育从业教师提出了评聘支持。

2008 年 7 月 23 日，教育部下达《关于地震灾区中小学开展心理辅导与心理健康教育的通知》要求，灾区各级教育行政机构要有部门负责这项工作，并提供人财物的保障。这一文件是在"5·12"汶川特大地震发生下，为了让灾区中小学生更好地应对灾难带来的

心理应激创伤，度过心理志愿服务应急期后的中小学如期开学而出台的。其对"提供人财物的保障"的要求为地震灾区的学生特别是如期开学提供了必要支持。

2012年11月22日，教育部下达的《关于推荐首批全国中小学心理健康教育示范区的通知》在"经费保障"上要求，行政区域内政府、教育行政部门有专款支持学校开展心理健康教育工作。行政区域内90%以上学校设置了心理健康教育辅导室等专门场所。该文本对中小学生心理健康教育的经费保障提出要求，虽然没有提出资金额度、占比、出处，但这是教育行政部门第一次明确提出经费保障的要求。

2012年12月7日，教育部出台的《中小学心理健康教育指导纲要（2012年修订）》要求，加快制度建设、课程建设、心理辅导室建设和师资队伍建设。谨慎使用心理测试量表或其他测试手段，不能强迫学生接受心理测试，禁止使用可能损害学生心理健康的仪器，要防止心理健康教育医学化的倾向。大力开展心理健康教育教师培训，加强心理健康教育材料的管理。这个《纲要》是对2002年8月指导纲要时隔十年的修订，既是基于心理学、教育学等理论的不断发展，更是基于经济发展水平的变革。制度建设、课程建设、心理辅导室建设和师资队伍建设，以及心理测试量表、心理健康仪器研发，都离不开经济保障。这个文件把心理健康教育政策对经济基础、物质保障的要求渗透在了字里行间之中。

2014年3月14日，教育部下达《关于实施中小学心理健康教育特色学校争创计划的通知》，对争创心理健康教育特色学校的单位提出了"条件保障"要求，具体是：配齐配好老师；加强培养培训；保障教师待遇；加强阵地建设；加大经费投入。这五个条件均是指向经费、资金的，尤其是"加大经费投入"明确规定，设立心理健康教育专项经费，纳入学校年度经费预算，原则上每年学生人均心理健康教育经费不低于10元，保证心理健康教育工作的正常开展，这是首次对心理健康教育经费定标准。

2015年7月29日，教育部出台的《中小学心理辅导室建设指南》中对"经费投入"要求：学校应设立心理健康教育专项经费，纳入年度经费预算，保证心理辅导室工作正常开展。心理辅导室应免费为本校师生、家长提供心理辅导。这个文件的指导意义、实践意义、规范意义远远大于象征意义、号召意义，即便没有对经费标准提出要求，也对心理辅导室建设的"基本设置"提出了具体要求，从基层学校、基层教师的角度来说，这比表面上强调加大心理健康教育经费投入更具实效、更有应用价值。

对这七个专业政策文本进行梳理，发现我国政府在不断调整对大学生心理健康教育工作的经费措施，以确保经费投入。可以看出，我国大学生心理健康教育经费的来源主要是由财政投入为主，社会投入较少参与。另外，除了特色学校争创计划中明确了经费保底额度、生均标准，其他的文本大都是通过对教师培训、仪器配备等方面实现经费投入，即使在心理辅导室建设指南中，也仅仅是提出要设立专项经费，都未明确提出经费额度、经费标准。这样一来，心理健康教育经费除了在要创建心理健康教育特色学校中才有凸显外，其他都没有明确的政策刚性要求，可操作、可调控的空间比较大，不利于心理健康教育工作开展。

三、关于大学生心理健康教育经济环境的改进建议

第一，进一步明确大学生心理健康教育经费投入主体责任，建立合理的成本分担机制。综观各大学生心理健康教育专业政策文本，可以发现目前我国主要实行的是以政府财政为主体，学校、个人为辅的成本分担机制。但由于地区经济发展水平、经费投入主体重视程度、教师工资收入、素质教育政策执行力度等因素的不同，大学生心理健康教育政策的实施出现差别。建议根据地域的实际情况，制定富有弹性、科学合理的成本分担机制，鼓励吸纳各级各类社会单位、个人承担一定的心理健康教育成本。

第二，落实好大学生心理健康教育专项经费制度。建议在年度教育经费预算中，单独列出心理健康教育专项经费，遵循先有预算、后有支出的原则，严格执行预算，并确保专款专用、不得挪作他用。同时，对心理健康教育专项经费预算进行全过程动态监控，逐步建立健全预算绩效管理体系，增强心理健康教育经费预算执行的严肃性，提高心理健康教育经费预算执行的准确率。

第三，建立相应的监督机制，确保心理健康教育经费的每一分真正用到位。成立心理健康教育专项资金的监管机构，监督相关部门严格按照相关文件规定的比例与标准进行拨款。同时，协调审计部门或组织会计师事务所等第三方机构，对心理健康教育使用情况进行审计、监管，确保真正把心理健康教育经费的每一分钱都用在学生身心健康成长的刀刃上，切实提升心理健康教育质量。

第五章 新时期大学生积极心理学教育创新路径

第一节 积极心理学与大学生心理健康教育

积极心理学是心理学领域发展的重要突破，它强调了人类积极性格的塑造和作用，主张普通人建立积极的心态，以促进个人的进步和发展，为社会和谐发展做出贡献。积极心理学从研究原则上重视人的积极品质，避免了心理研究总是趋于负面问题讨论的传统思路，使心理研究能够为普通人的积极健康和生活服务。因此，在大学心理健康教育中，积极心理学显示出其独特的优势和特点。

一、积极心理学在大学生心健康教育中推广的意义

在当前的大学心理健康教育中，仍然以传统的心理疾病预防和矫正为主要的教学目的。一方面，造成学生对心理健康教育形成抵触情绪；另一方面，也不利于心理健康教育的广泛开展。而积极心理学对于普通学生有着一定的教育和宣传价值，对于促进全体学生积极健康心理的培养具有重要意义。

第一，积极心理学为大学心理健康教育重新设定了目标。普通个体在学习和生活中，即使心理健康上没有出现明显的问题，但是其他方面的原因可能导致学生的意志和心理长期消沉，对于其学习和发展造成不利的影响。而传统的心理教育没有对相关的问题进行充分的重视和研究，导致大学心理健康教育存在不合理的问题。对此积极心理学主张对于普通人应建立积极预防的心理健康教育体系，促使学生能够在正常生活中感受自身的价值，促进学生积极心理的培养，使学生能够主动挖掘自身的闪光点和潜力，促进学生综合素质的提高和发展。

第二，积极心理学充实了高校心理教育的内容。在传统的大学心理及健康教育中，学校和教师关注的重点都是心理可能存在异常的学生，导致学校的心理健康教育无法对其他多数学生造成约束和影响。积极心理学增加了心理健康教育的目标和途径，促使学校的心理健康教育关注的学生群体更加多样和全面，促进所有学生积极心理和健康生活方式的养

成,为学校的心理教育拓展了教学目标和教学内容,使高校的心理健康教育能够更有效地施行。

第三,积极心理学是大学心理健康教育的创新。在传统的心理健康评价体系中,往往注重对学生负面情绪和心理的排查和调节工作,导致学生可能受到教学内容长期的暗示和影响,在心理上出现波动和变化。积极心理学创新性地提出为全体学生树立积极的心理观念,促使学生接触到的心理教育内容更加多元,有效克服负面情绪,使自身的心理健康状态得到提升。

二、积极心理学在大学心理健康教育中的应用策略

增加学生在积极心理上的体验。人的心理容易受到周围环境和其他人的以及自身行为的影响而产生微妙的变化。对此,在大学心理健康教育中,教师应该充分运用心理暗示这一特点,增加学生的积极心理体验,以促进学生在心理上保持积极主动。例如,在课堂教学中,教师要多举一些积极的生活实例,保持课堂氛围的轻松愉快,促进师生之间的平等和尊重等,使学生能够获得轻松愉快的学习体验,并为学生的积极学习和生活提供动力和帮助。除了心理和行为上的暗示,教师还应该教会学生有效克服心理消沉的方法,消除学生内心的焦虑,减轻学生的心理压力,促使学生以积极的方式调节自身的负面情绪。

通过高校环境对学生的心理状态进行调节和暗示。学生的心理状态和周遭的生活大环境有着密切的联系。因此,学校和教师应该注意对教学环境的构建,促使学生在大环境中保持积极进取的态度。此外,学生较高的环境适应性也是其心理调节能力的重要体现,对此学校要对刚入校的学生给予特别的关注和引导,促进新生养成积极的学习和生活心态,为学生在学校的长期积极发展奠定基础。在高校生活中,集体主义文化是学生必须面对的问题,一些学生乐于在集体活动找到自身的价值和定位,从而保持积极的心理状态。部分学生则可能对集体活动保有抵触情绪,在活动中感到不自然,使自身的学习和生活更加焦虑。对此学校和教师应该谨慎制定集体活动计划,使不同的学生能够在活动中找准自身的定位,在校园活动中保持积极的心态。为了提升大学环境对学生心理的暗示和影响力,学校和教师可以以下几方面进行参考。例如通过营造积极的校园文化对学生的心理进行影响,促使学生不断正视自身的状态,控制和培养自身的情绪。其还可以促进学生和校园、社会、家庭等多元环境保持密切的联系,使学生能够在不同的环境中实现对自身情绪的及时改变和调节,使学生的学习压力和焦虑得到及时的宣泄,提升学生积极的情感体验和自控能力。

积极心理学对大学生心理健康教育有着重要的影响,一方面,其改变了传统的教学思路;另一方面,也改变了教学的具体内容和目的。对此学校和教师应该对大学心理健康教育进行更详细的研究,促进相关教学质量和效率的提升,促进学生健康心理的培养和发展。

第二节　基于积极心理学的大学生心理品质培养体系的构建

积极心理学作为心理学科中的分支，主要从积极的角度来深入探究人们的心理健康情况，当前已经成为心理学主要的发展趋势。从积极心理学的角度出发，如何研究大学生群体的心理健康情况也有了新的方向，将传统模式中针对大学生心理问题实施的主动干预逐步调整为通过积极心理疏导的模式。本节基于当前积极心理学的发展情况，深入探究大学生群体的心理健康情况，提出构建大学生积极心理的培养方案。

随着教育水平的不断提高，越来越多的高校将目光转移到学生的心理教育之上。有效的引导大学生构建起积极的心理体系，不管是对于高校培育高素质人才，还是对于学生自身的心理发展甚至是社会的进一步前行都具有实际意义。积极的心理素质能够经由后天培养而来，经过不断的训练可以让大学生逐步构建起积极的情绪管理体系、认知评定体系以及积极的行为管控体系。将积极心理学有关的理论知识添加到高校大学生心理教育之中，能够突破原有的心理教育模式，解决消极干预的问题，确保大学生能够培养起优秀的心理素质体系，真正达成大学生心理教育的目标。

一、积极心理学的基本内容

（一）研究积极情绪

积极心理学主要研究积极的心理情绪在人们日常生活中发挥的效用。从积极心理学角度来说，消极的心理态度可以看作是人们面对外界危险构建起的第一道警戒线，其会将人们带入到战斗状态，由此来打破或远离危机。反观积极的心理态度，则会拓展人们的眼界，提高自身对外界的包容程度以及自身的创造水平，能够让人们拥有更加健康的体魄，获取更加优质的人际交流，例如说兴趣的产生会引发探索全新信息的动力，也会让人们产生向前发展的期望；满意的产生会让人们认可当前的生活环境，还会将此环境同自身和社会中的全新论点进行有机融合；自豪的产生会让人们渴望将此情绪同他人分享并期望在未来谋求更大的成功；爱的产生会让人们出现同爱的对象一起生活并探索全新世界的想法。

（二）研究积极人格特质

积极的人格特质作为积极心理学中最为基础的部分。在积极心理学之中，主要探究了多达24种积极的人格特质，其中涵盖有乐观、自信、成熟的防御体系等。而最为核心的特质有勇敢、仁爱、智慧、正义、节制以及精神卓越等。在积极心理学当中，将幸福的产生归结为人们可以找寻出自身的优点和积极的人格特质，同时，还可以在日常生活中展现出来。

(三）研究积极组织系统

积极心理学之中也将主要的研究方向集中在社会文化背景方面，认为社会文化背景同心理素质、人格特质、创造水平、情感态度以及心理治疗有着密切关系。一个积极的组织体系包含有积极的子系统，其中积极的小系统涵盖着稳定的社区关系、高度负责的社交媒体、良好的家庭环境以及教育水平较高的学校；积极的大系统则包含民众具有的责任意识、道德水平等。积极心理学当中还探究了产生天才的外部条件、创造水平发展同人们幸福生活指数的关系。

二、构建大学生积极心理品质培养体系

（一）培养学生积极的情绪体验

积极心理学当中一个主要的研究方向便是积极的情绪体验，主要将能够引发个体出现接近性行为或者行为趋势的情绪都划归为积极情绪，表现为个体对过去回忆的满足并幸福地享受现在，同时，对未来具有乐观期望的心理状态。培养大学生群体的主观幸福感。哈佛大学的导师沙哈尔就提出幸福的产生应当是快乐同意义的深度融合，使得学生可以在日常活动中找寻幸福，享受幸福，分享幸福，最为核心的便是在普通生活中挖掘出生活的意义；强化大学生对于自身情感态度的调节水平。著名的心理学者Gross在发表的情绪调节理论中就着重强调外部环境对个体心理产生的影响，也对环境选择、情境调整给出指导方案。因此，大学生应当主动性地去搭建起能够引起积极情绪的外部环境；认知作为个体情绪体验中相当关键的要素，差异化的个体在应对相同的环境刺激时，即使认知能力相同也会出现不一样的情绪体验。

（二）培养学生积极的人格特质

积极心理学的目标主要是探究并培养个体的人格特质和积极的心理素质。第一，训练学生构建起积极的思维方式，树立积极的心理品质。将积极心理特质的养成提高到比消极心理特质在应对困难时更加核心的位置，整体来看属于一种逆向思考的模式。从相互的讨论交流中培育起积极向上的思维模式，潜移默化的让学生将优秀的人格特质划入到自身心理体系之中。第二，从三观等方面专门培育学生积极的心理特质，例如在培养积极的价值观时，学校可以组织相关的性格活动，清晰地将性格特质进行分类并确定相应的性格词语，将其制作成海报张贴在校园之中。此外还应当按时在校园通信网络中讲解性格词语和对应的意义。教师和学生针对这些性格特质和实际应用进行探讨。第三，将"爱"作为起始点，培养并提升学生积极的心理素质，强化实践能力。可以利用感谢信或者爱心救援等活动来让学生树立积极的心理特质。

（三）构建积极的心理健康组织系统

积极的社会组织也是积极心理学中较为重要的一环，它不单单是培养人格特质的基础，

还是个体出现积极体验的本源所在。积极的社会组织涵盖有国家、企业、家庭以及学校等诸多方面，其在学校中主要发挥的作用为构建优质的教学氛围。根据有关研究结果可以发现：大学生获取认可和支持最多的渠道是来源于家人和朋友，而教师的认可普遍较少。积极心理学当中主要提出搭建积极的外部环境以及积极的组织体系，不仅包含有积极的个人环境，还有积极的组织体系等，一个稳定的组织系统也是大学生心理能否健康发展的关键所在。第一，构建起学生发展的积极环境，将个体、家庭、校园以及社会有效结合起来，构成多维的互动模式；第二，制定出从家庭到校园再到社会组织的学生培养方案，主要包括个体情感、内心独白、爱心互助以及成果分享等，并让学生同家人和老师进行良好沟通；第三，真正将学生互助组织的效用发挥出来，架构出班级—班委—宿舍—同乡等学生关系结构；第四，对于支持体系来说，最为核心的是校园心理咨询组织，其应当有效完成学生的心理引导并给予相应的咨询服务，确保学生可以获取高质量的心理辅导。

（四）积极的心理干预策略

积极心理学还主张搭建起行之有效的心理治疗方案，将积极心理学的核心理论作为基础，构建起具体的心理治疗方案，强调心理治疗过程中个体应当将注意力投入在养成积极心理特质方面，主要是让患者通过强化自身的积极心理素质来突破心理疾病的束缚，或者防止心理问题的发生。第一，在校园中建立危险防范体制，将班级中班委、舍长以及党员群体作为核心，构建起心理危机的报警体系，利用积极心理学中的基本理论，将学生朋好友的作用发挥出来，尤其是在心理危机警示方面发挥应有效果，主动关注个体的心理情况；第二，通过积极心理治疗的方案来完成心理咨询，比如说让个体尽可能享受美好的一天、完成数祝福训练以及完成好事等活动。上述练习均需要个体深入思考并分析自身出现幸福情绪的事项，加强个体在面对积极事情的认知水平；第三，完成心理弹性的干预方案，其主要是建立在积极心理学之上，强化学生的心理弹性。可以有效调整学生的认知思维，并降低个体出现心理问题的概率，第四，发挥积极心理学辅导人员的作用，通过团队在情境之中的引领并辅助个体获取更加深入的心理体验。

综上所述，积极心理学作为心理学研究的新方向，它的工作目标体现了社会意义上的博爱和人性，是与人类发展的目标相一致的。我们深信，积极心理学理念指导下的大学生心理健康教育，将会极大提高大学生的心理健康水平，使他们过上更丰富、更有意义的生活。

第三节　基于积极心理学的大学生心理危机干预策略探究

以某高校心理普查中低年级到高年级大学生心理危机比例大幅提升的事实，反思当大学生心理危机干预的问题与困境，从自身、家庭、学校和社会等层面全面、客观分析大学生心理危机问题的成因，力图构建基于积极心理学的大学生心理危机干预机制，为有效防止大学生极端心理危机事件的发生提供了创新思路。

随着社会的高速发展与进步，大学生心理问题呈快速增长趋势，各高校根据情况开展相应工作并建立多级防御机制，但实际效果并不理想。大学生如何走出心理危机的困境，基于积极心理的视角构建以培养积极心理品质为核心的心理危机防御机制能够有效推动培养大学生健康人格特质的教育进程，切实提高大学生应对心理危机的能力，有效防止大学生极端心理危机事件的发生。

一、大学生心理危机的现状及问题

心理危机是指个体在遇到突发事件或面临重大挫折和困难，当事人自己既不能回避又无法用自己的资源和应激方式来解决时所出现的心理反应。针对个体在危机状态出现的一系列负面情绪、生理、认知和行为反应，各高校按教育部要求成立专门的心理健康教育机构，配备专、兼职心理健康教师，对心理危机对象力图实现早发现、早干预的工作机制，但在实际操作过程中依然面临着许多困难和挑战。

（一）大学生心理危机现状调查情况

笔者使用 SCL-90 自评量表对某高校 5295 名大学生进行调查发现，一年级学生 1585 人中心理异常人数为 275 人，占测试总人数的 17.35%；二年级学生 1389 人中心理异常人数为 265 人，占测试总人数的 19.08%；三年级学生 2087 人中心理异常人数为 454 人，占测试总人数的 21.75%。存在心理问题的学生中，一年级学生最突出的症状依次为：强迫症状（40.50%）、人际关系敏感（36.50%）、焦虑（18.86%）、恐怖（16.59%）、其他（16.47%）；二年级学生最突出的症状依次为强迫症状（39.96%）、人际关系敏感（28.37%）、其他（21.31%）、焦虑（20.81%）、抑郁（19.01%）；三年级学生最突出的症状依次为强迫症状（43.65%）、人际关系敏感（31.34%）、其他（25.26%）、焦虑（24.77%）、抑郁（22.28%）。通过进一步分析发现，大学生普遍存在心理危机，三个年级的症状主要集中在强迫症状、人际关系敏感、焦虑、抑郁和其他等，且从低年级向高年级学生人数比例呈增长态势。

（二）大学生心理危机干预的问题与困境

1. 心理危机人数呈不减反增态势

从某高校心理测试结果中可以看出，心理危机人数和症状从低年级到高年级呈增长态势。现在各高校都非常重视对大学生心理危机的干预，新生进校后就开展心理健康普查筛选工作，对心理异常学生建立心理档案并持续跟进。然而，大学生的整体心理健康水平并未得到显著改善，反而出现了心理危机人数呈增长态势。

2. 过分关注个别学生及消极特质

以往大学生心理危机干预重点关注少数个别学生，主要服务对象为具有情绪困扰、行为失调、适应困难以及有自杀倾向的个体。为防止这类学生发生极端事件，往往把工作重心放在所谓问题学生身上，忽视对其他学生应有的关注与支持。然而，心理危机干预并没有抑制心理问题的滋长。

3. 心理危机干预机制流于形式

虽说各高校都做好了针对大学生心理危机的干预机制和预防措施，但基本处于消极被动、疲于应付的状态，好多后期跟踪都流于形式，没有真正起到对有心理问题学生的有力支持或援助，导致高校心理危机干预工作无法做到位。

4. 社会支持系统参与度较低

个体依靠自己的力量无法成功应对心理危机时，社会支持系统能够有效化解心理压力。大多数存在心理危机的学生普遍存在强迫症状、人际关系敏感、焦虑、抑郁等，大多数人都不善于主动寻求帮助。在缺乏必要的社会支持，得不到应有的帮助、关心和肯定时，必定会使学生在没有能力应对问题时产生更强烈的失败感，引发更严重的心理危机。

二、大学生心理危机的成因分析

随着社会转型与竞争的激烈，大学生心理危机日益凸显。面对问题和困难，很多大学生采取逃避的方式，上课玩手机、刷微信、沉迷于网络游戏，甚至逃学旷课成为填补空虚灵魂的寄托方式。要实现对危机对象早发现、早干预，必须深入研究大学生心理危机产生的成因，探索大学生心理危机干预的创新机制，使大学生在成长成才的路上健康发展。

（一）自身原因

从某高校心理测试数据中得知，大学生心理危机症状主要集中在强迫症状、人际关系敏感、焦虑、抑郁和其他等问题。调查反映出相当一部分学生出现网络成瘾、自控能力差、人际关系紧张、不懂换位思考等问题，遇到问题缺乏求助意识，又不愿经历改变的阵痛，极易产生心理危机。

（二）家庭原因

任何一场危机事件背后均隐藏着心理危机。失败的家庭教养让孩子错失建立规则与自律的最佳时机，特别是父母感情不和、父母离异、单亲家庭的孩子及留守儿童更容易产生冷漠、焦虑、抑郁、敌对、恐怖等消极情绪，缺乏安全感，容易陷入严重失衡的心理危机状态中。

（三）学校原因

目前高校的心理危机干预体系重点关注具有强迫症状、人际关系敏感、抑郁、焦虑等症状的少数个别群体，况且在实际操作中较难对其通过一、两次心理辅导来达到促进人格塑造和心理潜能开发的咨询效果。由于大学生心理健康状态是个动态变化的过程，心理危机会出现越抓越多的状况，甚至衍变成心理障碍的推手。

（四）社会原因

通过某高校心理测试发现，因子分超过常模较突出的部分有三个：强迫症状、人际关系敏感、焦虑，这与价值观缺失、竞争压力过大、对未来考虑过多有直接关系。一旦情感和需求得不到满足，容易出现更严重的心理危机，甚至出现自残、自杀或伤害别人的行为，造成社会不稳定的诱因。

三、大学生心理危机干预的策略

从积极心理学的理论视角，把大学生心理健康教育课程与其他具有培育积极心理品质的课程整合到人才培养方案中，实现全员育人导师制贯穿人才培养全过程。充分利用家校合作的社会支持系统和大数据网络动态预警，构建对学生具有生命意义教育引导的多级预警防御机制。将关注重心更多倾向于培养具有积极乐观心理的学生，增强大学生心理危机的防御能力，努力寻求减少与化解大学生心理危机的策略，从而有效提升大学生心理危机干预的主动性和实效性。

（一）目标与定位

将心理危机干预重点放在心理健康群体和心理危机个体良好的心理状态方面，用积极的心态解读心理现象，激发其内在的积极力量和优秀品质，加强对学生具有生命意义的教育与引导。对学生进行健康人格特质的培养，从某种程度上增强学生的自信心、主观幸福感，帮助个体成长和自我实现，构建积极向上的育人环境，这也是心理危机干预的有效途径。

（二）内容与要求

把培养个体积极乐观的态度，塑造健康人格的内容体现在人才培养方案的课程体系和心理辅导中，激励人本身的积极因素。通过开发人的潜能，激发人积极的心理力量，让其学习方式和生活方式、思维方式都发生一定的变化，培育出个体积极的心理品质，让个体拥有健康平和的心理状态和合理的思维模式，促进大学生群体的身心愉悦和健康成长。

（三）方法与途径

1. 构建心理危机"四级"预警防御体系

为了能够及早预防，及时、有效地干预并快速控制心理危机突发事件，要建立健全学校心理中心、院系心理辅导站、班级心理委员、宿舍联络员四级预警防御体制。实施异常情况逐级汇报制度，完善应急处理预案，建立应急处理快速通道，形成信息搜集、评估、反馈、防治的心理危机干预机制，降低、减轻或消除可能出现的对他人和社会的危害。

2. 思政与心理危机干预联动的"三观"正向引导

世界观、人生观和价值观统称为"三观"。大学生处于塑造"三观"的关键时期，学校应充分利用思政课程贯穿所有学期的契机，加强对学生的"三观"教育，培养学生平和的心态、乐观的性格、坚毅的意志品质、豁达的人生态度与正确的自我归因，帮助危机中的个体走出困境，提高其心理健康水平，塑造健康人格，为他们的健康成长奠定坚实的思想基础。

3. 人才培养方案与全员育人课程整合的生命教育辅导

在大学生心理健康教育、大学生性与心理健康、大学生职业生源规划、大学生安全教育、大学生思想政治教育等课程中加强对生命意义教育的引导，培养学生健康的人格。人才培养方案与全员育人导师制实现无间隙的课程整合，培养大学生积极的心理品质、积极的人格特质、积极的情绪体验和积极的生活态度，通过个体自身的积极力量来面对生活中的问题，提升个体心理健康水平。

4. 构建基于社会支持系统的家校共同体提升学生积极心理品质

良好的家庭、学校和社会环境能够提供积极的心理氛围，面对突发事件能够有效地引导学生积极乐观地面对挫折，帮助学生解决心理上的困惑和烦恼，从而激发自身内在的积极力量和优秀品质，有效预防心理危机的发生。

5. 捕捉基于大数据的心理危机信息网络动态预警

信息技术的普及和发达使电脑和手机变成大学生必需的学习和生活工具，学生在门禁系统、图书管理系统、食堂用餐管理系统、学生考勤系统、学生学籍管理系统、微信、微博、QQ、网络购物等活动中产生很多反映集个性、情绪变化的实时心理资料；这种方式提供了一种网络动态预警机制，为分析其是否需要进行心理危机干预提供更精确的依据。

总之，大学生心理危机干预中引入积极心理学，建构培育积极乐观态度和积极心理品质的心理危机干预机制能够有效防止大学生极端心理危机事件的发生，有助于构建美好和谐的校园。

第四节 浅谈积极心理学视野下的大学生心理健康教育

目前，大多数教师在开展大学生心理健康教育活动中通常是采用这样一种模式：介绍某一种心理问题，分析该问题的定义与危害，并总结克服该问题的方法，这明显偏离了激发学生积极心理素质的子目标。

一、积极心理学视野下的大学生心理健康教育优势

（一）拓展学生心理健康教育知识视野

开展积极心理学视野下的大学生心理健康教育活动，从正向角度激发学生的积极心理因素，有助于引导学生了解阳光心态和积极情绪，如乐观、自信、自律、内省、谦虚等，从而有效拓展学生心理健康教育知识视野。学生在学习积极心理因素的同时，逐步消除自身与心理健康教育课程的隔阂，将关注负面心理因素的倾向转移到激发个人潜能与培养健康积极的心态领域。

（二）创新大学生心理健康教育方法

开展积极心理学视野下的大学生心理健康教育，有助于弥补传统教育模式的缺陷，创新大学生心理健康教育方法。目前，很多教师在开展积极心理学视野下的大学生心理健康教育过程中，为学生组织了各种有趣的体验活动，如"信任背摔"游戏、"安全防卫"游戏，有效培养学生之间的信任感，提高学生的安全意识，使学生的责任感得到加强。

（三）奠定社会人才教育基础

从发展视角来看，大学生心理健康教育属于一种长远性教育活动，塑造学生积极健康的心理素质有助于辅助大学生实习个人价值，从而为培养社会发展所需要的人才奠定良好的基础。积极心理学主张以人为本，提倡积极人性，强调关注人的积极心理因素，发展人的潜能。在这一系列主张的引导下，学生很容易形成积极健康的心态，步入就业岗位之后，他们能够积极应对各种压力与问题。

二、积极心理学视野下的大学生心理健康教育方案

（一）发挥积极心理因素，增强学生的自控能力

基于积极心理学视野，顺利开展大学生心理健康教育活动，教师应充分发挥与挖掘学生的积极心理因素，不断增强学生的自控能力。在教育过程中，教师应尊重学生的情趣爱好与个性天赋，引导学生在发挥个人优势的同时，潜移默化地增强自控能力与自律意识，学会自省。此外，教师应注意进行必要地引导并告知学生：一个人自控能力的强弱体现在其有意识或者无意识地在日常活动中和工作中表现出的习惯上。所谓的"自控能力"特指一个人善于自我支配和自我调节的能力，是个人对自身的心理和行为的主动掌握，是个体自觉地选择目标，在外界没有监督的情况下控制自己的行为，抑制冲动，抵制诱惑。这样有助于培养学生的自控能力，教导学生恪守规范与道德行为。

（二）引入故事，提升课堂活力

提升大学生心理健康教育乐趣，培养学生对该课程的学习兴趣，教师应注意创新教学方法，适当引入经典故事，以此提升课堂活力，让学生在快乐学习中形成良好的心态。例如，在解析"谦虚"这一美德的同时引入科学家爱因斯坦的故事，爱因斯坦曾经为一个夸奖他学识渊博的人画了一个小圆和一个大圆，接着说："在物理学这个领域里可能我比你懂得知识略多一点，正如这个小圆。然而，物理知识是无边无际的，小圆的周长有限，与外界的接触面较小，而大圆与外界接触的周长大，所以会感到自己的未知东西更多，就会更加努力地去探索。"这个故事说明谦虚好学、虚怀若谷才能容纳真正的学问和真理，不断完善自我，获取成功。

（三）做好正面引导教育工作，完善心理健康教育评估体系

全面提升积极心理学视野下的大学生心理健康教育效果，教师应做好正面引导教育

工作，引导学生树立自信心，逐步形成乐观、健康的心态。与此同时，教师应注意完善教学模式，努力实现心理健康教育多元化，促进该学科与其他学科的有机结合，从而有效提高教育效果。例如，促进心理辅导和文化教育工作以及德育工作的有机结合，以此培养学生健康的心理，提高学生的文化素养和品德修养，引导学生逐步形成正确的价值取向，将学生培养成有文化、有道德、有理想、有纪律的"四有公民"。此外，教师应重视完善心理健康教育评估体系，从微观层次来分析，大学生心理健康教育评估主要包括心理辅导教育、心理活动体验教育和心理辅导组织管理的综合评估。在评估过程中，教师应全面了解学生的具体问题与兴趣爱好，针对具体问题予以疏导教育，根据学生的兴趣爱好进行正确地引导，发扬学生的优点与天赋。一个月之后，教师可以对学生进行心理测试，并根据测试结果，进一步完善大学生心理健康教育评估体系，以此提高学生的心理健康素质。同时，教师可以定期开展体验式心理活动，如"阳光心理活动""心理信箱""校园心语"等，引导学生自行创办关于大学生心理健康教育的墙报、画廊、手册与板报等，使学生在参与心理健康教育活动的同时逐步形成积极、乐观的心态，并针对体验式活动效果做好评估工作。

综上所述，做好积极心理学视野下的大学生心理健康教育工作，塑造学生积极、健康、乐观的心理品质，教师应充分发挥积极心理因素，增强学生的自控能力；适当引入有教育意义的故事，以此提升课堂活力；全面做好正面引导教育工作，不断完善心理健康教育评估体系。

第五节　积极心理学视角下的大学生心理健康教育探索

积极心理学这一概念最早出现在20世纪末的西方心理学界，从80年代开始，我国高校的心理学教育就开始运用这种教学方法。积极心理学视角下，注重人格培养和情感体验，大学生心理健康教育是为了及时矫正其心理问题，引导其走向正常的生活与学习道路，所以将积极心理学引入大学生的心理学教育中十分必要。

积极心理学兴起于20世纪80年代的美国。当时，美国兴起了以研究人的品质为目的的一场运动，一些美国心理学家快乐、幸福、乐观等积极的心理因素作为研究的切入点，将人的良好品格和积极的态度作为心理学的研究重点，这就是积极心理学兴起的背景。积极心理学的研究的创始人是美国当代著名的心理学家马丁·塞里格曼（Martin E.P.Seligman）、谢尔顿（Kennon M.Sheldon）和劳拉·金（Laura King），他们认为："积极心理学是致力于研究普通人的活力与美德的科学。积极心理学主张研究人类积极的品质，充分挖掘人固有的、潜在的、具有建设性的力量，促进个人和社会的发展，使人类走向幸福。"从某种程度上来讲，对人们行为有创造性的、积极的、满足的因素进行的研究就是积极心理学研究。

积极心理学的对立面并不是消极心理学，心理学本身的研究范畴就是一种偏中性的态度，与快乐与悲伤没有关系，积极心理学只不过是对消极心理学研究的一种补充。在传统的心理学研究领域，对消极的心理现象研究较多。在现代社会中，人们的生活节奏越来越快，物质生活不断丰富，但精神世界却在逐渐空虚，心理问题不断涌现，人们更多地在追求精神上的幸福感以提高生活的质量，所以在这种形式下，积极心理学的研究就显得尤为重要。从目前研究的范围来看，积极心理学的研究领域一般有三个方面，第一，从个人的主观感受出发，研究他们主观意识中的幸福感、满足感，对过去和现在幸福的比较分析；第二，研究个人能力，一般是个人的工作学习能力、看待问题、分析问题的能力、爱的能力以及对未来的洞察力等；第三，从社会层面进行分析研究，人生活在社会中，要有积极的心理首先得建立积极的家庭、学校和社会环境，这样才能有助于人的健康发展。

一、积极心理学的特点

积极心理学提倡人们要有积极的生活态度和心理状态，关注人优秀的品质、健康的心态，从客观的角度研究人的优点，并能用客观的心态去看待遇到的问题，不断激发人类潜在的积极特质，赋予他们不断前进的动力，最终让他们感到幸福。在关注人类优秀品质的同时，人的价值和生存发展方向是关注的重点，它将心理学传统的关注重点转向积极的一面，体现出更多的人文色彩，不断提升人自身的价值所在。在研究的同时，科学的研究方法是积极心理学研究的重要手段，所以科学性也是积极心理学的一个重要特点。

二、积极心理学的作用

在传统的认识过程中，心理学是针对心理有问题的人进行的研究，但这只是片面的看法，普通的人的心理也需要被关注，也需要更好的心理状态。积极心理学具有积极的增进功能，它能够刺激人的兴奋状态，让人们不断被积极快乐的东西所吸引，从而不断培养幸福感和满足感，让人们生活得更加幸福和快乐。预防是心理学研究的一个重点，更是积极心理学关注的一个点，心理疾病的产生正是因为疾病发展前期没有注意该问题导致病情的集中，所以预防心理疾病是关键。积极心理学的另一个作用就是有积极的预防作用，如果当事人了解积极心理学的内容，在遇到问题之前他就会想积极的一面，也能及时客观地解决问题，而不是一味消沉和抱怨，影响心理疾病的治愈。在出现心理问题之后，积极心理学有积极的治疗作用，它能够不断地培养病人树立乐观的生活观念，掌握人际交往的技巧，乐观地看待问题并进行冷静地处理，不抱怨过去，努力改变现状，积极面对未来。在心理疾病诊疗的过程中，诊疗成功的患者大都是根据积极心理学的方法痊愈的，而且一般都没有后遗症出现。

三、我国大学生心理健康教育中的积极心理学研究现状

我国高校心理学专业对积极心理学的研究颇早，至今已有有二三十年的时间，尤其是最近几年，随着高校对心理学的重视，积极心理学的研究也取得了很大的成果，在解决大学生心理问题上做出突出的贡献。但是，即使研究有一定的成果，在现实大学校园中，仍然存在着很多问题，尤其是有心理疾病的大学生做出的一些恐怖行为给现在的积极心理学教育带来了考验。

（一）大学生心理健康教育的目标不一致

心理学是一门中性的学科，没有好坏之分。但是从认知的角度来看，心理学的研究范畴又分为积极心理学和消极心理学，消极心理学是在有了心理疾病之后对其进行治疗和干预，而积极心理学主要起到一个防范和引导的作用，为了让人们的心理状态呈现最佳状态，让人们的潜力不断得以开发，生活更加幸福。如今的高校心理学教育更加偏向于消极心理学的教育，目的是为了治疗已经有心理问题的学生，这种心理学的教育方法直接忽视了学生的心理发展过程，对学生的心理需求不重视，缺乏积极的引导。

（二）大学生心理健康教育偏重医学研究

从我国高校开设心理学课程以来，在解决大学生心理问题方面取得不小的成就，对促进大学生的心理健康有一定的积极作用，但是，由于传统心理学教学目标的问题，消极心理学成了心理学教育的重点，所以高校教育者都将教学的重点偏向于问题心理的研究上，比如焦虑、忧郁、自卑等情况，教育的对象也是仅仅限制在有心理问题的学生身上，只对他们出现的问题进行研究分析，不去过多地关注他们心理的发展过程和未来发展情况。在课程设置上，大部分高校的心理健康教育学都采取选修课的形式，或者以简单的讲座形式，在心理辅导过程中，也是个别的诊疗式方法，讲座内容多是针对消极心理问题展开，在讲授的过程中会渲染消极心理的危害性。心理学的教学体系也不够完善，没有完整科学的知识体系，势必会让教师和学生更多地关注消极的心理或者不健康的心理状态，而忽视积极的心理因素，这种干预性的教学方式不利于学生心理的积极发展。消极心理学的教学模式直接否定心理学的中性特质，忽视了人更需要的积极心理因素的引导，过多地注重医学层面上的"治疗"，而忽视了对心理问题的预防和积极引导。积极的心理学更应该关注学生优秀品质的培养，而不是去改变现有的品质特征。

（三）大学生心理健康教育对象有限

目前，高校的心理学教育关注点在消极心理学方面，研究的理论基础也是消极的心理学，他们通常认为消除心理疾病就是健康的象征，但是从心理学的角度来看，仅仅是没有心理疾病并不代表就有健康的心理状态。所以心理学教育过少地关注学生本身的心理状态，尤其是多数学生的心理现状。在具体的操作中，高校的心理健康教育很多情况下处于

被动的状态,他们几乎不会主动去引导学生,而是等有问题的学生寻求帮助,再进行针对性地诊疗。这种单一性的救助方式并不能让学生具有主动解决心理问题的能力,他们更不知主动去寻找勇气、乐观、幸福等积极的因素的方法,大学心理健康教育学的局限性,使大多数学生并不能从中学到积极的东西,甚至出现了谈"虎"色变的地步。

(四)大学生心理健康教育学师资良莠不齐

目前,高校心理健康教育学师资队伍良莠不齐。一个原因是教师数量不足。普通高校心理学教师的数量较少,而且专业的心理学教师更少,尤其是在一些工科院校更是如此,很多学校都让学生辅导员承担心理学的教学责任,在入职筛选中,他们会尽量选取有心理学和教育学背景的应聘者担任辅导员,但是这些教师在成为辅导员之后,由于工作大都比较繁重,所以还是有很少的人会关注每个学生的心理状况;另一个原因是高校的心理学教育处于一种孤立无援的地步,只有极少数教师在进行学生心理问题的解决,其他的教师或者家长、社会都对学生的心理问题漠视,通常情况下他们根本发现不了学生心理存在的问题,所以亟须建立完整的心理学教育体系,让每个人都关注心理问题,而不是把责任推给仅有的几个心理学教师。

四、对大学生心理健康教育中积极心理学的探索

(一)建立清晰的积极心理健康教育学的目标

高校应该转变心理健康教育学的教学目标,将之前的消极心理的教学目标,转变为积极心理学的教学目标,逐渐培养学生乐观积极的心理状态,培养他们的幸福感。不仅仅要关注极个别人的心理问题,要将视野放在所有学生或者整个人类本身上。在现在的社会发展背景下,人们的物质生活水平有了很大的提升,他们关注的重点不再是生活所需,更多的是精神的需求。追求精神上的幸福是人类的共同目标。所以心理健康教育学也应该紧跟这一目标,让学生通过校园生活建立积极、乐观的生活态度和正确的人生观和价值观,只有这样,在未来社会中,他们才会保持这种健康的心理状态,不断激发他们自身的潜能,使自己的生活更加幸福。

(二)建立完善的积极心理健康教育学体系

对大学生积极心理学教育内容体系的构建,首先要培养他们树立正确的自我认知观念。不管是积极的心理状态,还是消极的心理状态,都是由他们的自我认知观念引起的,它有设定生活目标的功能,积极健康的自我认知观念可以让人们拥有乐观的心理状态。在大学生心理教育的过程中,教师要积极地引导学生对自己的心理状态有一个全面的了解,通过课堂所学内容和社会实践,逐渐建立起自己的心理认知观念,懂得自我肯定和自我批评,能够客观地看待生活或学习中出现的问题,了解心理现象出现的合理性,从积极心理学的角度来看,对自我的肯定,尤其是对自己长处的挖掘,这样才能不断实现自我价值。在人

际交往的过程中，要善于接受自己和他人，协调好理想与现实中的自我差异，不矫揉造作，也要不卑不亢，不断地树立正确的自我认知观念。

（三）构建积极的校园支持平台

人是社会性的，大学生的成长最主要生活环境是校园，所以要想建立积极心理学的教育体系就需要有积极的校园支持平台。积极校园平台的建立，需要从学校的规章制度、管理体系、教学体系等出发进行综合分析研究。完整的心理学教学体系对大学生健康心理的形成至关重要，这套体系的建立首先要根据明确的规章制度和法律规范来制约，尤其是优良的学校氛围，可以使教学氛围得以优化，大学生在学习中可以找到自己的人生价值和认同感与归属感。积极的教学理念是校园平台建设的关键，只有以积极的观念来引导，传统的心理健康教育学才能进行重新定位，才能不断地更新和完善管理体系，让学生积极快乐地参与到学习和生活中，最终拥有积极健康的心理和幸福的生活体验。

我国高校承担着为社会主义现代化建设培养人才的重任。在社会疾速的发展过程中，人们的心理健康直接影响着工作的效率，所以高校的心理健康教育学任重道远。从目前的心理健康教育学现状来看，虽然取得一定的教学成果，但是由于受到传统消极心理学的影响，在教育过程中学校过多地关注了少部分心理有问题的学生，忽视大多数学生的心理状态，所以高校要更新教育理念，培养学生的幸福感，让学生接受积极心理学教育，让他们的生活更加乐观幸福。

第六章 新时期互联网大学生心理健康教育创新路径

第一节 互联网背景下大学生心理健康教育实践研究

随着信息技术的高速发展，互联网教育日益兴起，对大学生心理健康教育实践提出新的契机和挑战。发挥互联网优势可以为心理健康教育提供新途径、突破时空限制和及时了解学生动态。建设互联网背景下大学生心理健康教育实践，需要通过构建互联网背景下大学生心理健康教育课程、调查、档案、咨询等模式来实现。

在网络技术快速发展的时代，5G 时代即将来临，互联网的发展给大学生心理健康教育实践也带来一定的挑战和机遇。在整合信息技术优势的基础上，将心理健康教育同互联网相结合，借助互联网优势，促进大学生心理健康教育与时代发展同向同行，能够有效提高教育的针对性、实效性，并且有利于大学生心理健康教育工作良性发展。互联网与大学生心理健康教育实践的融合，拓宽了高校心理健康教育实践的途径，更新了心理健康教育实践的资源，拓展了大学生心理健康教育实践的模式，可以更加及时、便捷、有效地为大学生心理健康服务，为大学生健康成长成才助力护航。

目前高校虽然构建了心理健康教育实践工作体系，但是专职心理健康教育教师相对高校学生数量严重不足。尽管有个别高校通过输送辅导员参加心理健康教育知识培训后，作为兼职心理健康教师，但是辅导员自身工作事务容易影响心理健康教育工作，在具体开展大学生健康教育实践上很难脱离辅导员的身份，说教的味道过浓，学生也会顾及教师的辅导员身份，不能真正敞开心扉，开展心理健康教育的效果不是很理想。以笔者所在高校为例，心理咨询中心有 2 位专职人员和 6 位兼职教师。学生如果有心理问题需要咨询，受教师人数限制，只能先行预约，咨询中心工作人员根据心理健康教育教师工作安排约定心理帮助的时间，学生心理问题在一定程度不能及时得以解决。学生获取心理健康知识主要通过心理健康教育选修课，每年选修人数在 600 人左右，主要针对大一学生开展，全校每年招生 3 000 人左右，覆盖面在 20% 左右。

心理健康教育知识获取形式较单一。心理健康教育必修课和选修课是高校学生获取相关知识的主要渠道，在课堂之上被动接受教师的传授，效果较差。由于大学生来自不同的省份、不同的家庭等，存在的心理困惑有所不同，统一的教育模式忽略了学生的个体差异。课外主要通过525心理活动月等宣传活动进行知识普及，普及效果不好评估，缺乏互动环节和针对性。而90后的大学生个体意识比较强，不喜欢说教式的理论灌输教学方式，他们乐于关注自己喜欢的和需要的，对于符合自己价值观念的，能够深入下去，致使传统心理健康教育实践效果甚微。

心理健康教育渠道存在一定限制。传统心理健康教育在解决学生心理问题方面主要是通过面对面的心理咨询，由于心理咨询在我国发展历史较短，学生对心理咨询普遍存在一定排斥。学生有心理问题时，一般选择自己扛着，不敢向别人倾诉，生怕被别人贴上标签，缺乏心理咨询安全感，致使很多有心理问题学生没有及时向心理咨询专业人士求助，导致一部分学生心理问题由一般心理问题发展为严重心理问题，甚至更加严重。

一、互联网背景下大学生心理健康教育实践优势

（一）为高校心理健康教育提供了新的路径

目前，大学生都在使用智能手机或者移动互联设备，这些移动互联终端可以非常方便并且快速地获取信息，他们的校园生活每时每刻都离不开微信、QQ等网络工具，在互联网上他们可以隐藏自己真实身份，发表匿名言论，学生可以毫无顾忌地在网络上倾诉自己的问题，在一定程度上缓解心理压力。学生当出现心理问题时，可以匿名注册新账号，与心理健康教育教师进行交流帮助，他们可以毫无顾忌地表露自己的真实想法，因为网络另一端的教师无法知道他们的真实身份。心理健康教育可以针对网络上反映的问题数据加以分析整理，初步给予相应帮助，能够比较及时有效的与问题学生建立良好的连接。

（二）突破了心理健康教育的时空限制

移动终端可以随时随地获取信息，在信息高速传输的互联网世界里，高校心理健康教育教师可以运用多媒体技术，通过多种多样的信息传输方式，不受时空限制地向学生传播心理健康知识，以学生乐于接受的方式，引导学生树立正确的心理健康观，参与到心理健康教育活动中，进而在有问题的情况下接受心理帮助，可以保证针对学生自述情况，及时给予相应心理帮助，大大提高心理健康教育的及时性和有效性。突破了课堂教学载体的有限性，扩展了心理健康教育工作的方式方法，增强了心理健康教育工作的覆盖面、有效性、及时性。

（三）提供了心理健康教育自我服务的路径

互联网的发展给心理健康教育带来丰富的教育资源，学生具有更多的自主选择性，可以根据自己的心理问题选择符合自己需要的服务信息，例如可以选择自己了解并且喜欢的教师讲授的课程，这样他们可以更加容易学习知识，更加信任教师的讲解；也可以参与自

己了解的话题讨论，在讨论中互相学习借鉴，激发其自我管理、自我服务、自我成长的潜力，更有利于学生自身健康成长。这种路径减少了说教意味，更重要的是学生自我获取，根据自己所需，主动开展相关知识的学习，由要我学变为我要学，学生的学习积极性更加提高，学习效果较好，在潜移默化中接受了心理健康教育。

（四）可以及时了解学生心理问题状况

通过传统的面对面调查或者问卷调查，学生容易对自己的问题有所顾忌，对问题选项加以揣摩，从而影响数据的真实性，增加大学生心理健康教育的难度。互联网具有藏匿身份的特点，对于大学生来说是一个极好宣泄感情的平台，他们通过学校专题网站或者贴吧等，在其上发表自己的看法、表达自己的心情。由于身份的隐秘特性，学生所表达的内容比较真实可靠，与学生内心吻合度较高，这些都为心理健康教育教师提供了获取信息的渠道。教师对所获取信息进行整理分析，可以了解到学生心理健康整体状况，把握学生心理动向，提高工作的针对性和时效性，便于精准开展心理健康教育工作。

二、互联网背景下大学生心理健康教育实践的途径

（一）构建互联网大学生心理健康教育实践新平台

构建互联网+心理健康教育平台需要高校建立心理健康教育专题网站，学生借助移动互联网终端接收和反馈信息。由学校心理咨询中心运营这个网站，以学校兼职心理健康教育教师为补充，以院系辅导员为载体，在互联网上可以隐匿兼职教师的辅导员身份，通过在网络上获取的学生问题信息，加以整理分析，容易解决的问题，可以在网上互动解决；对于问题较复杂的，可以初步在网上沟通建立信任后到咨询室通过面对面的方式重点解决。以班级心理委员为朋辈辅助的平台，以同学朋友的身份，通过以心换心的交流，发现同学的问题，在沟通交流中、在日常生活相处中，帮助同学应对问题，前提必须是心理委员具备一定的大学生心理健康教育知识，对大学生普遍存在的诸如学习适应问题、宿舍同学关系问题、人际交往问题、恋爱和性问题、择业压力问题等等进行专业指导和帮助。在互联网+心理健康教育实践的具体路径上，要向多元化的方向发展，不仅强调知识的获取，也要重视认知的接受与改变，而且更加强调在互联网中的自主性、互动性。

（二）构建互联网大学生心理健康课程体系

目前，高校普遍采用网上选课，也在尝试一些课程的慕课、微课，互联网+教育在一定程度上正在改变中国教育的发展，移动互联网终端正逐渐成为大学生学习和生活的必备要件。高校可以在校园网上建立心理健康教育专题网站，将适合的心理学课程放到网上，可以借鉴全国知名专家的讲座内容，也可以组织本校教师制作精品课程，发布到校园网站上。学生可在专题网站上选择适合自己状况和爱好的心理健康类课程，也可通过校园APP在线学习。学习平台可以通过微信公众号向学生推送比较普遍的、常见的大学生心理健康

教育相关知识，学生存在问题疑惑可以通过 QQ 群或微信群讨论问题或向老师提问。通过互联网的互动学习，既有利于同学与同学之间的相互交流，也有利于学生正确对待心理健康问题，使大学生能够认识到大部分同学都有类似问题，能够直面心理问题，而不是讳疾忌医，对于心理问题避而不谈，在整体上可以提高大学生对心理健康的正确认识，从而提升大学生心理健康素质。

（三）构建互联网大学生心理健康教育调查体系

心理调查是学校心理健康教育工作人员获取学生心理状况的主要途径，获取学生心理状况在一定意义上比解决问题更重要。高校只有准确掌握学生的心理数据，才能有效开展相关教育教学活动；才能制定符合本校学生特点的工作方案，以及制定各种心理应激预案；才能提高大学生心理健康教育实践的针对性和有效性。传统问卷调查的发放和回收都有一定难度，统计回收数据信息，更是需要一段时间，时效性不强，而且学生需要集中填写问卷，缺乏私密性，学生在填写时会有所顾忌，怕被别的同学看到自己的问卷。借助互联网开展心理调查就非常方便快速，学生可以随时随地利用手机统一登录某个网址，在网上填写调查问卷内容并提交，系统就可以自动完成数据统计分类。心理健康教育教师可以在第一时间内通过后台了解学生状况，并对学生状况进行分类整合，为高校心理健康教育教师合理有效地开展工作指明方向，并且可以针对某个学生的个人情况进行有针对性地开展心理健康帮助。

（四）构建互联网大学生心理健康教育档案系统

目前高校都会在新生入学后进行心理健康教育摸底普查，了解学生心理健康状况。学校通过网络系统建立每个学生的心理健康档案，借助互联网建立大学生心理健康教育档案大数据，可以分析不同年级、不同地域、不同家庭学生的心理健康教育特点，便于开展心理健康教育研究。互联网+大学生心理健康教育档案可以方便调取每个学生的成长档案，也便于及时更新增加内容，相比传统档案应用性较强，使用更加方便，为开展心理健康教育研究和分析提供便利渠道，提高心理健康教育的实效性和针对性。心理档案可以全面包括学生的基本信息、既往病史、早期教育情况、心理特点、心理测验结果、心理咨询记录等，能够方便心理健康教育教师从整体上把握学生的心理现状，在使用和调取时，只要输入学生基本信息，就可快速调出学生在校四年的心理健康档案。互联网心理档案建立后，最重要的就是依据学生的心理变化进行不断更新，保证信息处于最新状态。

（五）构建互联网+大学生心理咨询系统

互联网背景下大学生心理咨询是借助网络工具的优势，运用传统理论方法，帮助有心理问题的大学生在其喜欢并乐于接受的方式完成心理自助的一个过程。例如对于存在一般心理问题的学生，可以通过互联网+心理咨询改变其不合理认知，使其走出困惑，恢复心理健康；对于具有较严重心理问题的学生也可通过互联网交流了解其状况，在互联网咨询的同时，建立起初步信任关系，不断提高学生自我认知和对心理健康教育的新认识，对于不能通过互联网咨询的问题，可以在互联网咨询的基础上增强对教师的信任，进而到心理咨询室开展更进一步的咨询帮助，给其提供专业的、有效的帮助。高校积极开展网络心理咨询，不仅有利于心理辅导教师更清楚地了解学生的真实想法，而且有利于心理健康知识的普及。对于学生关注度较高的热点问题也可以通过QQ群、微信群，进行一对多的咨询帮助，用专业的合理的心理健康教育知识引导学生树立正确的认知。

互联网背景下大学生心理健康教育实践模式的构建，在很大程度发挥了互联网优势资源，优化了传统心理健康教育模式，更好地发挥心理健康教育作用，为大学生心理健康教育注入了新鲜血液，提升了心理健康教育效果；互联网资源也存在一些弊端，在与心理健康教育融合过程中，不能全盘要求与互联网相结合。在具体开展心理健康教育实践过程中，不应过分强调使用互联网，从而忽视了传统教育活动的优势，不应过分注重互联网形式，而全盘否定传统教育模式。两种方式教育各有自身优缺点，应当在适合并恰当的条件下两者相互融合，以便更好地促进大学生心理健康成长，这仍是一项任重道远的工作。

第二节　互联网+背景下大学生心理危机预防教育

随着互联网的快速发展，网络广泛普及于大学生的日常生活和学习中，成为大学生不可缺少的部分。但是互联网的发展在给大学生带来诸多便利的同时，也给大学生的心理健康造成了一定负面影响，包括认知危机、情感危机和人际关系危机。对此，高校要加强互联网心理健康教育教学活动和宣传、建设互联网大学生心理危机教育预防系统、完善互联网大学生心理危机教育干预机制，保障大学生在互联网+背景下的心理安全。

互联网是一个包容自由的信息沟通分享平台。正因为其包容、开放且自由的特点，它已成为大学生日常生活发表观点和交流的主要平台。《2018中国大学生日常生活及网络习惯调研报告》显示，至少有86%的大学生在进入大学之前就开始使用手机上网，且大部分的大学生都会在日常使用QQ、微博、微信、网络短视频等应用。由此可见，越来越多的大学生开始成为互联网活跃分子。不过，任何事物都有两面性，互联网在给大学生正面心理影响的同时也可能给其带来负面心理影响。因此，本节将分析探讨互联网+背景下大学生心理危机预防教育。

一、心理危机预防的必要性

心理危机通常指的是一个人所处境地超过了其应对问题的能力和周围资源的支持，从而产生的暂时性心理失衡状态。心理学家卡普兰的观点是，心理危机是心理上遭受外部刺激或者受到打击，从而引发的创伤性反应。高校大学生心理危机一般都具有突发性、普遍性、复杂性以及危险性等特征，而心理危机的成因往往包括许多种，如认知方面、情感方面、人际关系方面等。大学生一旦发生心理危机，如果缺乏社会的有效支持，就很可能出现自伤事件，对学校、家庭和社会造成严重负面影响。因此，互联网＋背景下下大学生心理危机预防教育的开展十分重要，针对处于心理危机状态的大学生个体采取行之有效的措施，及时给予大学生以适当的心理援助，帮助其尽快脱离困难，恢复积极的心理健康状态。

二、互联网＋背景下大学生心理危机普遍分类

认知危机。互联网＋背景下，很多大学生的认知正逐渐向着消极的方面发展，原因分为两方面：一方面，互联网的依赖和使用会使大学生丧失与人面对面交往交流的机会，致使大学生无法充分体验大学生活，阻碍大学生的认知健康发展；另一方面，大学生接触大量的网上信息内容亦真亦假，难以在短时间内消化处理，容易被人诱导，认知产生偏差，甚至出现思维混乱、网络成瘾等问题。

情感危机。互联网平台上，人和人之间不需要面对面就可以进行交流，虽然有不受空间时间限制的优势，但也让大学生难以体会面对面交流的情感互动，无法感受现实生活中丰富的情感变化，丧失现实人际交往情感交流能力。而当大学生遭受人际交往情感挫折后，其大多会从网络上寻求安慰，最终导致情感的异化和迷失。

人际关系危机。大学生过集体式生活，对网络的沉迷和依赖会占用同学间互相交往和集体活动开展的时间，从而阻碍学生人际交往能力的培养。网络具有开放性，并没有成文的规定可以保护网络人际关系。这会使一些不法分子借助网络这一掩护，欺骗诱惑大学生，获取其身份信息，谋取钱财甚至威胁人身安全，而被欺骗和伤害的大学生容易自卑或走极端，出现信任危机等各种心理问题。

三、互联网＋背景下大学生心理危机预防教育具体策略

加强互联网心理健康教育教学活动和宣传。就互联网＋背景下大学生心理危机的有效预防目标的实现要求高校不应当只关注心理危机事件本身，应该更长远地考虑怎样去预防和避免心理危机事件的发生，从心理健康教育入手，开展预防教育。

第一，高校应当将互联网＋背景下心理健康教育作为一门重点课程，纳入教育方案中。教师可以通过慕课、微课等新型教学模式，丰富课堂教学资源，以实际例子来引导学生正确了解互联网对心理健康的利与弊影响，让学生学会科学合理地使用互联网技术，明白沉迷于互联网的不良后果；鼓励学生合理安排上网时间，多与人进行面对面交流交往，充分利用互联网的优势，排除互联网的危害，预防心理危机。

第二，高校可以组织开展各种互联网心理健康教育相关的校园活动，如青少年心理领域权威专家宣传讲座、心理健康知识竞赛、心理健康案例教育短视频拍摄等，以此在校园范围内营造良好心理健康教育氛围，促进预防教育的开展，降低大学生心理危机出现概率。

第三，高校可以打造心理健康教育"两微一端"（微博和微信客户端）宣传平台。当前，

大学生对校园传统宣传的兴趣度和关注度不高，因此，高校应当把握大学生主要关注的网络新媒体，顺应发展潮流，将高校心理健康教育和微博、微信联系在一起，通过官方微博、微信公众号等搭建起新型心理健康教育宣传平台，让这些知识更容易被大学生接受，提升宣传效果和效率。

建设互联网大学生心理危机教育预防系统。互联网＋背景下建立起的大学生心理危机预防系统，是充分发挥心理危机预防作用的主要渠道，具体可分为以下内容。

第一，借助网络平台建立心理危机评估预警数据。高校可以利用网络平台（QQ、微信、微博），发展评估和预警相联合的心理危机预防体系。首先，高校可以通过平台，从成长历程、人格特点、生活琐事、社会支持以及抑郁情绪等方面对大学生进行心理危机评估，再由专业心理人员对评估出心理危机的大学生进行心理危机等级评估，然后采取针对性的疏导治疗；其次，高校心理健康教育中心、二级学院以及心理委员可以组成心理危机预防三级网络，由心理委员负责使用网络平台（QQ空间、微博、微信朋友圈）实时记录学生的心理状态和发生的影响心理状态的时间，建立心理健康状态数据库。二级学院和心理健康教育中心则负责每日查看数据，将其中可能出现心理危机的学生提取出来，施以教育帮助。

第二，搭建心理危机预防网络平台。高校可以给大学生提供心理咨询服务和专业心理测评网络平台，让大学生能自行根据自己的不良心理状态进行检测，并获得准确的心理测评指导和测量结果解析，从而让大学生自我发现并主动寻求心理帮助。平台监测人员也可以根据检测情况，对存在心理危机的学生提供帮助，建立大学生心理危机干预档案。此外，平台还需提供管理工具，以方便心理危机预防工作者使用网络系统工具准备教育材料，以及预先设置教学情境，更好地引导学生进行心理危机自主预防和教育学习。当然，学校也可以把学校的心理健康教育活动课上传到网络上，充分利用网络大量教育资源的优势，给予学生自主选择学习心理健康教育课程的权力，从而提升教育活动的交互性和积极性，把原本的教师主导教育的模式转变为师生互动学习沟通模式，让学生主动探究自身心理危机问题，并积极解决问题。

完善互联网背景下大学生心理危机教育干预机制。随着互联网在大学生日常学习和生活中扮演的角色越来越重要，针对其对大学生造成的负面影响，高校应当立足于互联网这一平台阵地，抓好心理危机预防教育人才队伍建设、加大心理危机预防教育资金投入，构建心理危机干预联动网络，最终实现预防大学生心理危机发生的目的。

第一，加大心理危机预防教育资金投入。心理危机预防教育道阻且长，不是一蹴而就的任务，需要持续坚持和完善，并充分调动高校各部门教育积极性，以预防为主，多层次、全方面地建立起心理危机教育干预机制。当前，我国高校在心理危机预防健康教育方面的资金投入有所增加，但仍无法完全满足大学生的心理健康教育需求。因此，高校应当加大资金经费投入，以更好完善心理危机干预和预防教育体制。

第二，构建心理危机干预联动网络。通过联动网络的构建，高校领导和相关部门可以实时掌握心理危机预防教育工作的开展情况和效果，并做出调整优化指导。此外，教师也可以根据网络排查，更好地了解学生心理状态，从而应用合适干预方法帮扶学生，降低心理危机不良事件发生可能性。

第三，建设心理危机预防教育人才队伍。互联网背景下，高校心理危机预防教育人才队伍不仅要具有专业的心理学教育知识，还要能顺应时代发展趋势，时刻强化自身互联网意识和互联网能力，提升自身综合互联网信息素质。

总而言之，互联网+背景下，大学生心理危机预防教育是大学生心理健康教育中重要的一部分，也是预防大学生心理危机，改善大学生心理状态，降低心理危机事件发生可能性的预防对策。就当前大学生互联网+背景下普遍存在的认知、情感、人际关系等方面的心理危机，高校应当加强互联网高校心理健康教育教学活动和宣传，建设互联网大学生心理危机教育预防系统，完善互联网大学生心理危机教育干预机制，保护大学生身心健康。

第三节　自媒体时代大学生心理健康教育创新研究

随着智能手机不断推广，移动互联网技术迅速发展，自媒体在大学生日常生活中运用得越来越广泛，开始多角度多方面地影响大学生的学习、工作和生活，也成了高校教育研究不容忽视的因素。基于此，选择以大学生心理健康教育为切入点，结合自媒体的特点，分析自媒体如何对大学生心理健康教育产生影响。在此基础上探讨推进大学生心理健康教育工作的途径，思考在自媒体时代如何将心理健康教育进行创新，拓宽心理健康教育思路，构建更多的平台，更好地把大学生的心理健康教育落到实处。

随着近年来科技的发展，智能手机和平板电脑不断普及，使得大学生获取信息、知识的渠道有了很大的扩展。大学生获得资讯、与人交流等多种需求所借助的媒介逐渐被微博、QQ、微信及其他各种自媒体所替代，可以说在如今的大学生活中，无论是学习、工作还是生活都逃不开自媒体的使用，很大程度上自媒体带来了更为丰富的信息，更为便捷的生活，大学生的社交和娱乐也很大程度上依赖自媒体的使用。作为高校心理健康教育工作者应该主动思考如何有效利用自媒体开展大学生的心理健康教育工作，应对大学生日常生活、学习中遇到的各类问题，更好地提升大学生心理健康教育水平。自媒体时代的创新能力，很大程度上影响了大学生心理健康教育的深度、广度和效果。

一、自媒体时代的概念及特点

自媒体 (We Media) 与传统媒体不同，主要传播方式，是个人利用网络或是其他媒介向特定或是不特定的人群传播各种信息的一种新型媒体。通俗地说，自媒体就是个人通过网络途径，发表或是发布和自己相关或是自己亲身见闻的消息，通过这种方式，来传播自己的观点的一种媒体。自媒体的实质就是一个普通人依靠信息终端，如微博、微信、QQ等多种渠道将自己的所见所得公之于众，与外界相连接的工具。

在自媒体更多地参与人们生活的同时，原本存在明显界限的"传播者"和"受众"也越来越融合，个人在信息传播中也有了多重角色的可能，在日常生活中可以很轻易地成为主动的"传播者"，也因为自媒体平台的发展，这一传播速度也比传统媒体时代快很多，便捷很多，人们已经越来越习惯在自媒体平台上发布自己的所见所闻、所思所感。因此，在发布的同时，也能带来一定的交流可能性。

二、在校大学生自媒体使用现状

中国互联网络信息中心(CNNIC)在2017年的1月份发布的第39次《中国互联网络发展状况统计报告》中指出，到2016年12月份，我们国家的上网人数已经达到7.31亿，互联网普及率已经超过50%，已经高出亚洲的平均水平7.6%，高出全球水平的3.1%。统计数据显示，2016年我们国家的新增上网人数4 299万人，与2015年相比，上升了6.2%，目前我们国家的上网人数已经赶上欧洲的总人口量。主要通过手机上网的网民已经将近7个亿，占据上网人数的90%，并且逐年呈现递增的趋势，笔记本电脑以及台式电脑上网的人数逐渐减少，手机已经成为主要的上网模式。最近几年来，移动端的上网技术不断发展和运用的逐渐普及，智能手机和平板电脑等移动设备已经进入大多数人的生活圈，作为自媒体中使用频率较多的社交软件，微信和微博已经成为我们日常生活中最不可缺少的交流工具。自媒体的时代已经到来，如今当代的大学生对新生事物充满好奇，也具备自媒体使用的相关知识，自然而然地成为自媒体使用的主力军，自媒体也在大学生的日常学习工作和生活中起着越来越重要的作用。

三、自媒体时代对大学生心理健康的影响

在当前的大学校园生活中，微博、微信、贴吧、论坛、QQ等及时通讯平台是自媒体传播的主要方式。自媒体一方面给大学生的心理健康带来积极的影响，另一方面也因为学生个人或其他原因造成一些大学生的心理问题。

自媒体创设了大学生表达自我，拓宽人际交往的平台。大学生处于特殊的心理发展阶段，对表达自我的需求、社交的需求、得到认可的需求都处于一个相对迫切的阶段，随着自我意识的不断发展，大学生个体有一定的社交需求，也需要在大学阶段培养自身的社交能力。而在校园的日常生活中，大学生进行面对面交流的人群受到范围和时间的限制，存在一定的局限性，自媒体平台拓宽了人际交往的平台，能够通过自媒体，将愿意公布于自媒体平台的活动、感想表达出来，对于大学生个体而言也是一种寻求交流的机会。

自媒体给大学生提供了缓解压力、寻找"心"能量的渠道。大学阶段是个体身心发展的重要阶段，在每个阶段面临不同的压力，有新生适应期的压力，有人际交往的压力，有

学业困难的压力,也有实习就业期间遇到的压力。很多学生会在大学阶段遇到各种心理困惑,又由于大学生的心理成熟度较低,如果无法及时地将不合理情绪排解和宣泄,很容易造成个体的焦虑和抑郁情绪,这样对于他们的心理会有很大的影响。目前,自媒体的发展速度非常快,个人移动多媒体终端也越来越普及,在日常工作学习生活中,大学生如果想要表达自己的观点,分享内心的想法和思考,或者是宣泄自己不管是好是坏的情绪时,只要通过自媒体的方式,将自己的想法或是心情表达出来。除了这种方法,大学生可以将关注点放到各种相对乐观、积极的以及专业支持的媒体,利用这些媒体提供的心理咨询或其他心理健康服务去补充个人心理健康的知识,合理调节自己的情绪,提高自身的心理健康意识,从而正确地去面对心理的压力,通过正确的方法去解决自身的压力。所以,现在的网络传媒平台中,已经出现越来越多的自媒体,既能满足大学生表达自我、寻求认同的需要,也可以让大学生较好地释放自身的压力以及调节自己的情绪。

自媒体容易造成大学生的手机依赖,进而带来睡眠障碍及其他心理问题。自媒体因其便捷的操作性、传播的时效性等特点飞速发展,但由于自媒体信息资源庞大,良莠不齐,各种APP的研发和使用已经渗透到大学生生活的方方面面,大量的资讯、生活的便捷、出行的网约交通工具等等,既方便了大学生的生活,也在很大程度上占用了大学生的时间,使得很多大学生在一定程度上存在手机依赖的现象,而手机依赖不仅严重影响学生的身体健康,也容易因为长时间地使用手机造成睡眠障碍和其他心理问题。在过往的研究中发现手机依赖是大学生睡眠状况差,心理出现问题的高危因素。大学生需要有较清晰的筛选标准,知道如何进行时间管理等自我管理,才能将降低自媒体带来的不良影响。

四、自媒体时代大学生心理健康教育创新的意义

2016年的8月,国家主席习近平对于全国的卫生以及健康工作做出重要指示,认为心理健康问题需要及时解决,在此基础之上不断进行心理疾病以及心理健康的辅导,多多开展心理咨询以及心理治疗的健康服务工作。之后,习近平主席又提出需要将思想教育教学的工作深入到高校的思想政治工作之中。现在的新媒体是一个大的发展趋势,习近平主席提出需要将新媒体运用到工作当中,将信息技术以及思想政治工作紧密地联合起来,跟上发展的趋势,加强时代感以及提高吸引力,要做到具体问题具体对待,跟上时代发展的步伐,根据时势不断创新。在自媒体时代,心理健康教育工作者要在日常实际工作中思考如何创新现有的工作模式,结合自媒体时代的特点进行创新和拓展,否则就很难将心理健康教育的作用发挥出来,落实下去。因此,我们需要在自媒体时代下,调整工作的角度,拓展自己的思路,对于大学生心理的健康教育需要从自媒体的角度重新看待,必须深刻地认识到自媒体对于大学生心理健康教育的重要意义。

搭建大学生心理健康教育工作新平台。目前,多数高校开设的心理健康课程主要是针对大学生心理的健康问题,现在的高校校园里已经设立专门的心理健康中心面向学生开展

心里普查、危机的预防、学生心理咨询服务，还包括学生的各种心理健康工作、校园的心理健康活动等。在自媒体不断进入学生日常生活的今日，高校学生工作也已普遍进入自媒体时代，包括"易班"平台的推广，有越来越多的官方组织建立自媒体平台，大学生的心理健康教育工作也需要积极探寻新的平台，要充分利用自媒体开放、便捷、互动良好的特点，突破原有高校心理健康教育形式较为单一、互动性不够好、与学生生活存在一定距离、内容理论性较强等局限。搭建以自媒体平台为依托的心理健康教育平台，将心理健康教育融合到大学生的校园生活，做好心理健康知识的宣传普及，校园心理健康氛围的营造，将心理健康教育工作融入学生四年大学生活的方方面面，拉近心理健康教育工作者与学生的距离，更好地形成大学生心理健康教育的工作体系。

掌握学生心理健康动态和特点的新途径。00后如今已开始进入大学校园，他们是新时代下成长的一代，他们大多数都已经接触或是正在接触互联网，多数人通过各种论坛、贴吧、微信或是微博进行社交，这些新兴的、便捷的自媒体平台是他们更为偏爱的方式和途径，在这些平台上，他们愿意自由地抒发情绪，也期望在这些平台上能够找到心理上的安慰。之前的高校心理健康辅导的体系还不是很完善，心理教师的水平参差不齐，并且对于心理健康教育工作的认识上还存在着很多的不足，这就让从事心理健康教育的人士所了解的情况与学生真实的心理健康动态之间存在一定的距离，学生有时容易出现不愿意向心理学专业教师寻求帮助的误区，特别是涉及隐私或存在一定自卑意识的学生，甚至会出现主观上回避问题的行为，这都使得大学生的心理健康的动态和特点不能得到及时地掌握和运用，影响大学生心理健康教育工作的实效。而现在，自媒体的传播让从事心理健康教育的教师、高校的辅导员以及各个班级的心理委员以及宿舍的心理信息员，都可以根据自媒体平台上呈现出的信息，及时了解和掌握关于学生心理的情况，及时地了解学生的心理健康动态，有针对性地跟进重点关注学生；也能运用大数据的思维，搜集整理并总结规律，结合工作实际，归纳大学生心理健康状况的动态和特点，分析出心理健康教育工作开展的方向和重点，切实做好心理健康教育工作。

提供大学生心理咨询、心理互助的新渠道。在传统的大学生心理健康服务体系中，专业心理咨询师提供的咨询一般为面对面的交流形式，在心理咨询实践中会发现，有一部分有意愿来咨询的学生会因为存在对隐私性问题的顾虑等原因最终选择放弃咨询，在预约咨询后出现流失，而在咨询工作中也普遍存在较为被动等待学生来访的现象，或者是由辅导员劝导存在心理困惑需要咨询的学生前来咨询，在一定程度上影响大学生心理咨询的覆盖面和时效性。通过自媒体平台，可以拓宽心理咨询的渠道，心理咨询师、朋辈心理辅导员都可以方便地参与其中。这样的办法既可以使得心理健康的知识以及技巧得到有效的传播，也可以与同学们进行广泛的交流，包括心理上方方面面的问题，对于解决学生们的心理健康问题有很大的帮助，与同学们的交流方式还可以通过直接的线上交流，解除学生们心理上的障碍，帮助他们正确地面对生活和人生。自媒体的方式，一方面，用学生喜欢、习惯的方式拉近距离；另一方面，可以将一些问题解决在萌芽阶段。

五、自媒体时代大学生心理健康教育创新的途径

充分运用自媒体传递正能量，营造和谐心理氛围。大学生处于价值观形成的重要时期，现如今的大学生心理健康教育，还是需要通过自媒体的方式，关注大学生心理健康的新趋势，一方面，在自媒体平台上收集信息，充分利用大数据环境，对大学生使用自媒体的情况有所了解，并在此基础上进行一定的研究和探讨；另一方面，通过自媒体传播正能量，在实际工作中发挥自媒体平台优势，积极宣传心理健康知识，引导大学生树立正确的社会价值观，倡导大学生关注自身心理健康，积极寻求正能量的价值理念，在日常学习、工作和生活中营造良好的心理氛围，关注心理健康水平的"温度计"。

构建自媒体平台，拓宽心理健康教育渠道。与以前的大学生心理健康教育比较，自媒体有其优越性，心理健康教育工作者应顺应自媒体时代的趋势，建立心理健康教育的微信公众号。在公众号的运营中，发挥学生干部队伍的创造力，强化各级心理辅导站的作用，调动班级心理委员、宿舍心理信息员的积极性，在使用公众平台的基础上，发挥个人自媒体的灵活性，有意识地主动传播和普及心理健康知识，关注心理的校园氛围的营造，多渠道拓宽心理健康活动信息的发布平台，逐渐将心理健康教育工作落实到学生身边，从而能更及时、全面地了解大学生心理健康的具体情况，将心理健康教育工作落到实处。

利用自媒体工具，建立心理健康教育的多级体系。在院、系等组织中，发挥自媒体的作用，保证心理健康教育体系的畅通，可以利用各大高校中的心理健康辅导中心，开展包括心理健康教育、心理社团服务等活动，以及开设院级的心理健康教育课。其中的专业骨干人员以及志愿服务的学生可以创建属于自己的微信公众号，建立起心理健康的官方自媒体。使用创建出来的自媒体平台，可以进行内容的整合，信息的推送，编辑学生们感兴趣的心理健康内容定时地推送给学生。这样的方式不仅可以有效地宣传心理健康教育的知识，也可以让大学生在不断的实践中反省和提升自己。

第四节　互联网背景下心理健康教育课程新形态立体化教材的建设

教材作为课程的基础核心载体，教材质量直接关系到心理健康教育课程的质量与实效，进而影响大学生心理健康教育工作的质量。随着手机和网络的普及，互联网日益深入大学生的生活，传统的心理健康教育课程教材已不能适应当今大学生的心理健康教育需求。互联网在高校心理健康教育课程的教材编制及课堂教学中应用既有挑战又有机遇。网络内容多元、信息更新迅速、传播形式多样，对教材价值引导、教材时效性和吸引度提出了新挑

战。基于此，积极编制互联网环境下的教材，从教学目标、价值导向、教材内容、原则和形式上创新、更新教育理念、指引价值导向、突出高校特色、衔接技能体验、实现混合立体兼修的新形态立体化教材。

随着信息技术的发展，生活工作节奏不断加快，人们心理压力也不断增加，心理健康问题也越来越突出。2019年2月发布的中国首部心理健康蓝皮书《中国国民心理健康发展报告（2017—2018）》显示，我国不同人群的心理健康问题均呈增长趋势。作为国家发展的重要力量，大学生心理健康问题也一直是较热的话题之一。心理健康教育课程教学作为覆盖面最广的心理教育活动，在大学生心理素质培养工作中发挥关键作用。教材作为课程的基础核心载体，教材质量直接关系到心理健康教育课程的质量与实效，进而影响大学生心理健康教育工作质量。在2018年的全国教育工作会议上，教育部部长陈宝生详尽列举了十八大以来中国教育事业发展的成就，并指出"教材建设"这一关键词，明确"课程教材是国家事权"。因此，如何提高心理健康教育课程教材的质量，是当代高校心理健康教育的现实需求，也是教育工作者面临的重要课题。

随着手机和网络的普及，互联网日益深入大学生的生活，给大学生心理健康教育教学带来影响。传统课堂的课程教学以及相应的教材已不能适应当今大学生的心理健康教育需求。《高等学校学生心理健康教育指导纲要》（教党〔2018〕41号）明确要求科学规范教学内容，开发建设《大学生心理健康》等在线课程，创新心理健康教育教学手段，有效改进教学方法，通过线下线上、案例教学、体验活动、行为训练、心理情景剧等多种形式，激发大学生学习兴趣。教材作为教学的基础和核心，不仅是教学理念、教学内容、教学方法和手段的重要载体，也是各院校推进教学改革的重点。本节将分析互联网在心理健康教育及教材编制中的挑战及机遇，并探索编写新时代心理健康教育课程新形态立体化教材。

一、挑战与机遇分析

互联网为课程教学和教材学习提供了便利，也给教材的编写和使用带来消极影响。互联网在高校心理健康教材建设中的有效应用需理清现状，明晰挑战，抓住机遇，进而创新心理健康教育内容和形式，有效改进教学方法和教学效果。

（一）网络内容丰富多元，需要权威渠道的价值引导

21世纪初的统计数据显示，每天有十亿信息单元的信息量产生，且每年以18%～20%递增率发展。这些信息可以提升大学生的心理知识，开阔视野，弥补教材字数的局限。然而网络信息传播迅速，内容良莠不齐，大学生正处于世界观、人生观、价值观形成的重要阶段，信仰标准和价值取向尚未定型，心理知识薄弱。由于互联网的开放性、网络信息的及时性和无选择性，大量鱼龙混杂的有害信息进入大学生的视野，冲击其价值观，影响其心理健康。由于心理知识的有趣及神秘，心理类书籍以及心理类文章吸引了越来越多的学生。作为大学生接收心理健康知识最重要的渠道之一，在多元文化的网络时代，

心理健康教育课程教材承担正确价值导向的重要责任。

（二）网络信息更新迅速，急需提升教材的时效性

随着互联网的发展，线上心理知识和信息更新迅速，这促进了电子媒介的发展，但现阶段纸质媒体仍占主流。调查结果显示，除了长期纸质教材的使用习惯，能够成为推广电子教材阻力的因素还有很多，其中84.62%的受访者对电子教材是否会对学习效率有所影响产生顾虑，认为电子教材会分散注意力，影响学习效率。当今时代网络技术高度发展，信息传播瞬息万变，传统的心理健康教育课程纸质版教材信息内容相对滞后，无法满足当代大学生的学习需求和教学改革。如何让纸质版教材内容与时俱进，提高心理教材的实效性，这是急需解决的问题。

（三）网络传播形式多样，要求提高教材的吸引度

当今时代网络技术高度发展，互联网不仅为我们提供了海量的信息源，还通过文本、声音、动画、视频等吸引着大学生的眼球，导致一些学生网络成瘾。教材是学生获得知识的主要来源，它集中体现了教育思想和教育观念。但大学生对教材的利用率并不高，甚至有些学生不带课本进入课堂。如何做才能使教材内容、呈现形式、特色等吸引度得以提升，进而使学生更多地从教材中获取知识，系统地学习科学的心理健康知识和技能，这是心理健康教育中的重点。

二、立体化教材新探索

基于此，我们从知识—技能—认知新视角出发，依托现代教育技术，积极探索编制互联网环境下以能力培养为目标，以纸质教材为基础，从教学目标、价值导向、教材内容、原则和形式上探新，更新教育理念、指引价值导向、树立高校特色、衔接技能体验、实现混合立体兼修，以多媒介、多形态、多用途及多层次的教学资源和多种教学服务为内容的结构性配套教学的立体化教材。

（一）提升心理素质，更新教育理念

就服务对象而言，课本不仅是作为教材为教师提供教学参考，也应是学材，为学生提供学习指导。教是为了学生更好地学。《关于加强心理健康服务的指导意见》（国卫疾控发〔2016〕77号）倡导"每个人是自己心理健康第一责任人"的理念。作为教学的重要导向和载体，心理健康教材的编制应从学生出发，以提升其心理素质为目标，从知识—技能—认知层次目标出发，更新心理健康教育理念，综合现代互联网技术及纸质版教材的优势，增加学生经历内容及素质技能训练，探索合适现代大学生的教材内容和形式，将育人理念转化为学生的思想和行为。

（二）唯物心理合体，指引价值导向

一个人心理素质的形成和发展往往需要反复强化，从实践到认识才能形成自己的思想，

然后再从认识到实践付诸行动，运用的正是辩证唯物主义方法。在复杂的互联网环境下，大学生的思想和价值观的形成及选择更需要唯物辩证法的辨别和吸收。而心理知识心理困惑就必须要心理理论和技能借助个体的心理活动的调节来完成。因此，以唯物辩证法为基线，将科学的实验研究和调查结果作为支撑内容，结合心理理论知识与技能训练内容，从而锻炼大学生的辩证思维，丰富大学生的心理素质内容，进而实现大学生身心全面发展。

（三）规划教材内容，树立高校特色

在互联网技术快速发展背景下，人人都可以是自媒体，人人都可以是网络信息发布者。而这些五花八门的信息对学生的认知力、人际关系、心理发展等各方面都会带来影响。心理课程教学始终要围绕学生心理发展特点来开展，教学内容更需满足学生的共同需求。传统的教材教学主题设置较为简单，内容过于理论化，案例取材也较为单一。因此，教材内容的科学性除了心理健康概述、人际交往、情绪管理、学习心理等主题，还需考虑教学内容是否与时俱进，是否符合高校特色，是否满足学生所需。新时代教材要借助网络，不定期收集学生需求，结合动态技术，增加流行现象及学生案例评析，让新形态教材的内容得以与时俱进，且具高校人才培养特色。丰富教学内容、增强趣味性，提高学生自主阅读教材的积极性，实现教、学、练、做一体化，升级为更加包容开放的学习内容系统，匹配现代学生成长需求。

（四）明确教学原则，衔接技能体验

坚持理论教学与技能教学相结合、知识学习与体验学习相结合、线上线下与课堂课外相结合的原则，在引入经久不衰的主题和理论的基础上，每章节都相应加入体验式活动，如变化在哪里、我是谁、你演我猜、人际关系黄金法则等，调动音乐、绘画、舞动、团体心理游戏等多种形式，建设丰富多彩的体验式教学模式。在体验式教学中，学生与教师共同参与，构建教师与学生的学习共同体，在自由与开放的氛围中探讨交流，共同探求心理健康知识，现场进行技能训练，直接参与到课堂教学中，他们的直接经验将成为教学的重要内容；学生或独自体验技能训练，激发学生的学习兴趣，逐渐养成自主学习心理知识的习惯，进而学习心理技能，掌握调整心理状态的方法，加深学生对心理知识的学习及最新理论的运用。

（五）丰富教材形式，混合立体兼修

针对传统纸质教材内容封闭、修订周期长、展现的内容形式单一等问题，引入二维码技术，将纸质版的教材与丰富多彩的数字化多媒体资源结为一体。知识的传递不再只是单一的文字、图表，而是视、听、看、动、形等多种多样的方式。同时，多媒体资源是动态的，可以实时更新，不仅保证了教材内容的实效性，也实现了增加知识传播形式的立体感，为学生带来了耳目一新的学习体验，进一步激发了学生的学习兴趣和学习动机。运用现代教育技术，在大学生心理健康教育课程纸质版教材基础上，随时通过二维码更新相应案例、配套课件、授课电子教案、微视频及慕课等。通过扫描二维码，学生一键就能实现无缝切

换,将纸质教材实时切换到丰富多彩的数字资源,随时随地可以通过视频、音频、动画等方式,让学生不知不觉地沉浸在知识的海洋中,实现随时随地有效学习。除此之外,二维码教材在使用过程中,学生可以按需扫码,实现个性化学习。

第五节 互联网+背景下高校"边缘生"心理健康教育模式

大学生的"边缘群体"与"主流群体"区别开来,在高校中处于劣势,学校、家庭以及社会应该给予他们更多关注与重视。近年来,互联网的发展给高校"边缘生"心理健康教育工作带来机遇和挑战。互联网+背景下网络信息的复杂性和渗透性,决定了高校"边缘生"心理健康工作要利用好互联网优势,不断创新心理健康教育的思路和方式,从而促进我国高校"边缘生"心理健康教育健康发展。

随着社会经济快速发展,高校不断扩招,生源情况变得愈加复杂。在心理预期落差、学习成绩落差、家庭贫困和多元化价值观念冲击等因素的综合作用下,一些大学生逐渐被"边缘化"或主动"边缘化"。"边缘化"使大学生无法在课堂、学校乃至社会中感受到归属感或认同感,成就动机几乎为零。"边缘生"可能会对社交较为抵触,更倾向于一人独处,沉溺于游戏与网络世界,在虚拟世界里获得成就感与认同感,逐渐与真实世界脱节,甚至荒废学业与人生。

在互联网+背景下,传统心理健康教育工作受到冲击,高校"边缘生"心理健康教育工作迎来了机遇与挑战。互联网为"边缘生"心理健康教育带来新机遇,丰富了"边缘生"心理健康教育的形式与内容,有利于"边缘生"心理健康教育创新,促进"边缘生"的身心全面发展;互联网+背景下网络信息的复杂性和渗透性,决定了高校"边缘生"心理健康工作要走创新发展道路,结合时代特点,利用时代优势,提升"边缘生"去边缘化的实效性。

一、"边缘群体"的概念界定

结合国内外文献观点,本节对大学生的"边缘群体"给出以下定义:在班级人际结构中处于较低层次,被集体拒斥或忽视,不容易被接纳的学生群体。与大多数学生相比,"边缘生"由于自身、家庭、学校、社会环境等多种原因,已经与"主流群体"分离开来,并且在获取信息、资源以及自身能力提升等方面处于劣势。

本节对"边缘生"的特点进行初步归纳:一是性格孤僻,自我封闭。有些是受家庭因素影响,成长经历使得他们性格过于内敛,拒绝向他人敞开心扉,慢慢变得过于孤僻;有些是因为学习困难，变得自卑敏感，减少与他人来往，将自己封闭起来；有些是因为在现实生活中成就感与获得感较低，对现实生活产生抵触情绪。二是意志薄弱或抗压能力较弱，处事容易极端偏执或极端。改革开放至今，社会经济快速发展，"90后"大学生处在一个更好的社会大环境以及家庭环境下，他们人生道路上少有挫折。许多大学生缺乏坚韧不拔的意志与抗压能力，遇到挫折与磨难，心理容易处于亚健康状态，靠自身难以调节过来，没有正确的引导，很容易产生极端思想，选择极端行为来伤害自己或他人。三是行为上排斥他人。这一代大学生大多是独生子女，许多人从小在溺爱中长大，他们以自我为中心，很少考虑他人的感受。这种类型的大学生在学习和生活中与他人无法做到妥善交流，容易被孤立。

尽管上文对"边缘生"的基本特点进行了归纳，但在实际操作中，难以很明确地将"边缘生"区分出来。另外，每个人的价值追求与性格特征会导致其有着不同于他人的成长轨迹，随意给学生贴上"边缘生"的标签，容易适得其反，轻则影响学生的多样性发展，重则伤害学生的自尊心。在对高校"边缘生"的成因、现状以及存在问题进行深入研究的基础上，保持时代性和预见性，规避心理健康教育工作中会遇到的困难，尽可能走出"边缘生"心理健康教育的困境。

二、"互联网+"给高校"边缘生"心理健康教育工作带来的机遇

提供了丰富的技术资源以及广阔的媒体平台。互联网的快速发展，为高校心理健康教育工作带来更为丰富的技术资源，更为夯实的技术支持，也提供了一个更为广阔的媒体平台，以供高校心理健康教育工作进行形式创新，拉近与学生的距离，实现心贴心零距离交流。目前，许多高校不仅加强与完善校园网站建设，也从学校、学院、班级三个层面加强微博和微信群的建设。除此之外，高校也认识到互联网与教育融合是个必然趋势，利用互联网传播的时效性、互动性、多样性等特点，为大学的心理健康教育打造一个在线教育平台，有效地为"边缘生"的心理健康资源提供丰富的内容和优质教育。"边缘生"不仅可以有选择地接收信息，还可以积极参与媒体信息的传播。同时，利用互联网信息传播的时效性和互动性，通过建立网络信息反馈平台，及时了解当前"边缘生"关注的热点问题，关注其心理和性格发展，积极主动引导和干预舆论。

促进了"边缘生"心理健康教育形式与内容创新。以往，高校主要通过学校设立的大学生心理健康课程以及专职辅导员的日常管理，进行"边缘生"的心理健康教育，但存在着两个问题：一是传统心理健康教育课程内容更新较慢，形式变化较少，学生们认为课程中没有新鲜的知识，学习兴趣较低；二是专职辅导员所带学生一般在200人甚至300人以上，难以关注到每个学生，而且因精力有限，大多数辅导员对学生的关注点主要放在学生成绩与纪律上，容易忽略学生心理状况，特别是"边缘生"的精神状况和心理动态。而互联网+背景下的到来以及互联网技术的快速发展促进了传统的"边缘生"心理健康教育课

程的创新。高校可以充分利用互联网资源，开展线上心理健康教育课程。互联网技术的快速发展还便捷了专职辅导员工作，现在不少高校引进了心理健康测评系统，可以将学生心理状况数据化、直观化，引导并帮助辅导员将工作重心向学生心理健康教育工作以及"边缘生"身上进行部分转移。

三、高校"边缘生"心理健康教育面临的困境

缺乏系统化的理论支持。心理健康教育作为人类认识、改造自身和社会的一项社会实践活动，它在满足人类相关需要、实现人类相关目的方面起到积极作用。随着我国国民经济和社会的发展，传统的课堂心理健康教育形式必然要发生变革，心理健康教育需要当代的理论支持。通过一系列会议的召开和文件的下发等举措，可以看出国家非常重视高校心理健康教育，相关的配套理论急需得到进一步的深化和发展，以满足我国当前互联网＋背景下大背景下的高校"边缘生"心理健康教育发展需求。

互联网对于"边缘生"的影响远大于理论研究人员的预期。以往"边缘生"主要通过课堂接受心理健康教育，高校可以通过对课堂内容以及过程控制来把控"边缘生"心理健康教育的大方向。伴随"互联网＋"的迅速发展，互联网的"虚拟环境"对"边缘生"心理健康教育产生巨大的冲击。"虚拟环境"中获得的信息良莠不齐，这些信息对"边缘生"的人生观、世界观和价值观带来巨大的冲击，特别是大学生"边缘群体"缺少关注与关怀，且缺乏一定的判断能力，很容易被网络上的多元化思想所影响。因此，要充分运用互联网新技术激发"边缘生"心理健康教育工作的潜力，推动我国"边缘生"心理健康教育工作传统优势同信息技术的深度融合，增强时代感和吸引力。

四、"边缘生"心理健康教育的网络渠道

在互联网＋背景下，高校心理健康教育的发展势必要顺应时代的趋势，把传统心理健康教育与互联网相结合，积极转变心理健康教育模式。通过互联网平台，将高校"边缘生"、学生家长以及高校三者之间连接起来并做到充分互动，全面提升高校"边缘生"心理健康教育的实效性。

心理健康互联网平台。在移动互联网＋背景下，高校可以利用校园生活信息系统、网站栏目、公众号等在线媒体平台去关注和收集大学生的生活圈，了解他们感兴趣的话题，内容上选取学生身边的事、学生关心的事；形式上发布学生感兴趣的、贴近学生实际、学生喜闻乐见的新闻和消息等，采取措施吸引"边缘生"浏览，鼓励他们参与，并与"边缘生"互动，通过沟通交流引导他们树立正确的世界观、人生观和价值观。

个性化网络心理测评系统。高校应该建立科学的大学生心理测评系统，从新生入学开始，给每名新生都建立一个单独的心理测评账户，全面收集学生的基本信息以及成长经历，了解学生心理状态与性格特征形成的背后原因。让学生定期在系统中做心理测验，比

如 SCL-90 症状自评量表，关注学生的心理动态与情绪变化，并将"边缘生"的心理测验结果及时反馈给高校心理咨询工作人员和学生本人，学生可以根据自身情况自主选择系统中的心理咨询专职教师进行咨询，学校也可以根据学生心理状态，选择直接干预。

朋辈式心理健康微平台。朋辈交流对"边缘生"的影响是不容忽视的，高校应该鼓励学生主流群体通过 QQ 群、微信群、网络论坛、网络社区主动甄别"边缘生"的情绪状态，积极与其互动，认真聆听他们的倾诉，同时换位思考，设身处地地为"边缘生"着想，帮助他们走出边缘处境。提升，将此形成机制，进行有效的监管和督促。另外，在校园里，有着很多的"微领袖"，他们可能是班委、寝室长，也可能是院校社团成员，他们具有一定的号召力和影响力，是朋辈心理健康微平台的中坚力量，充分调动他们的积极性，发挥朋辈影响与朋辈认同的作用，进行朋辈式心理健康教育。

线上心理健康教育平台。通过线上心理健康教育课堂，结合自媒体网络终端，丰富心理健康教育内容，辅助线下教学，通过线上"学生自评和互评"增强课堂教学互动。此外，每个人都有单独的账号，对情绪指数、压力指数、学业指数和成长指数等增长数据进行个人化、全面化的收集和分析，监测其心理变化的全过程。利用大数据及时定位"边缘生"，有针对性地与他们互动，以其个人的体验提供个性化心理健康服务，更有助于开展精准化、针对性、个性化的"边缘生"心理健康教育。

"学校—家庭"心理健康网络平台。家长对子女的性格特征、成长经历、情感波动等是最为了解的。家庭教育的作用与地位是不容忽视的，高校应该将学校教育与家庭教育充分融合互动，共同发现"边缘生"的问题成因，从根本上解决问题，帮助"边缘生"去边缘化。另外，家庭对学生成长以及三观形成的影响是最为深远的，高校可以建立家长 QQ 群、微信群、家庭—学校公众平台等，可以给家长普及大学生心理健康教育的相关知识，引导家长重视大学生心理健康，关注子女的情感波动以及心理状况。

总之，高校管理部门、高等学校、高校心理健康教育教师等都必须紧跟互联网发展的脉搏，积极向国内外的先进心理健康教育方式学习，不断创新心理健康教育的思路和方式，充分研究当前高校所面对的复杂环境，有针对性地提出解决策略和办法，从根本上把握"边缘生"心理健康工作的主动权，更好地为高校"边缘生"心理健康教育出谋划策，促进我国高校心理健康教育事业的健康发展。

第六节　互联网+背景下贫困大学生心理问题分析与教育

当今大学生是互联网+背景下的原住民，而身居在互联网+背景下的贫困大学生受到社会文化之中不良因素以及消极事件影响造成惨痛后果的案例时有发生。互联网+背景下贫困大学生的心理健康问题疏导与干预工作，已成为大学生心理健康教育工作者与大学生思想政治教育工作者的主要工作内容之一。为了增强互联网+背景下贫困大学生心理健康教育的育人效果，高校相关方面应采取相关应对措施，重视相关教育资源整合，提升贫困大学生心理健康素质水平，完善个人性格与操守，更好完成大学学业生活。

大学学习是人生之中较为重要的阶段，大学时期也是大学生习得心理知识与专业技能的重要时期。而身居互联网+背景下的贫困大学生却因身处寒门，缺失对于生活贫困的正确理解，容易产生自卑情绪、焦虑情绪和抑郁情绪，在特定情境之下个别贫困大学生由于负面情绪无法正常排解与发泄，容易引发自杀自残的悲惨后果。

贫困大学生与普通家境大学生性格与情绪具有趋同方面，他们普遍表现为：

面对纷繁复杂的网络信息，具有较为明确的辨析能力，面对人际关系问题能够较为妥善的解决。但是贫困大学生与普通家境大学生在性格与情绪方面也存在着差异。

面对学业压力与生活压力表现为挫败感较强，焦虑感突出，个别贫困大学生罹患心理方面疾病的可能性较大。

互联网+背景下贫困大学生心理健康教育工作已成为高校大学生心理健康教育工作者与大学生思想政治教育工作者处置日常工作之中的重点与难点。本节就互联网+背景下贫困大学生心理健康问题进行分析，提供若干教育对策，希望能够对于高校大学生心理健康教育工作者与大学生思想政治教育工作者的相关工作，提供参考与借鉴。

一、互联网+背景下贫困大学生心理问题表现

（一）因贫困而形成较强的自卑感

自卑感表现较强可能是身处互联网+背景下贫困大学生最为突出的心理情绪表征。贫困大学生身处贫困境遇之下求学与升学；由于他们家庭状况基本处于贫困线之下，生活方式、行为习惯、家庭氛围与其他普通家境大学生相关状况存在较为明显差别，致使贫困大学生心理存在较强的自卑感。部分贫困大学生常常在个人博客、微信朋友圈、QQ空间发表较为消极负面的言辞，从中可以得知他们内心世界是较为自卑、孤僻与敏感的。

在这种心理状态下，会出现三种不同的心理与行为表征：

第一，贫困大学生通过刻苦学习，以良好的成绩补偿因家庭贫困造成的心理自卑感，在这种刻苦学习过程之中，由于需要求助他人，解答相关课业问题，因他人偶然之间几句无心之言可能涉及贫困大学生个人家境或者个人处境，造成个别贫困大学生心理自卑的情绪增多，可能致使个人性格孤僻多疑以及个人远离群体状况发生。

第二，在互联网+背景下，网购是大学生购物的主要途径之一，身居寝室的贫困大学生势必与他人若有似无的进行物质攀比，由于身处贫困家境之中，致使贫困大学生可能形成较强的无助感与自卑感。

第三，极个别贫困大学生在入学之前就由于个别事件造成心理自卑感较强，加之身处

互联网+背景下，各种不良信息充斥在手机终端与电脑终端，贫困大学生受此影响而加重自身自卑感，可能产生仇视、悲观和厌世的情绪，在心理极其脆弱的情况下，极有可能利用极端方式对待自己和他人。

（二）因贫困而产生较强的挫败感

身处互联网+背景下，每个人在互联网之中都有话语权，而贫困大学生由于出身贫困家庭，自卑情绪较强，又渴望在互联网之中赢得自主话语权，他们进行网络人际交往过程之中，会较为敏感过滤他人对自身发表相关内容的评判信息。他们希望自己的话语权能够出现在各种贴吧、QQ群、博客评论区、微信公众账号留言区，但他们却因担心家庭贫困，网友过渡地解读自己言行，暴露自身出身寒门这一现实情况，进而造成自尊心受损。因此，现实生活之中受困于负面情绪与自卑情绪，可能因为琐事致使室友关系紧张，学习方法不适致使学习成绩下降，学业出现警告、降级处理甚至勒令退学若干状况发生。长期挫败情绪累积，个人心理健康状态堪忧，自身陷入敏感多疑情绪之中难以自拔，容易出现行为失控，造成无法挽回的局面。

（三）因贫困而诱发焦虑感

互联网+背景下的贫困大学生基本都有移动网络终端设备，他们可能在网络之中了解诸多寒门学子通过自身努力学习改变命运的事迹，并以此鼓励自己克服现实生活和学习之中的重重困难，积极向寒门学子榜样学习。但是，贫困大学生往往承载着全家人改变命运与生活状况的希望，贫困大学生会给自己设定较高的学习目标与课业任务，他们由于个别科目没有取得理想成绩而造成个人负面情绪加重，焦虑感表现明显。究其原因：一是较为拮据，生活费用难以满足个人生活支出；二是疲于维持个人生计而到处奔波寻找打工机会。

从而可知，贫困大学生不但要与普通家境大学生学业角力，还要维持正常生活用度。长此以往，他们可能处于焦虑情绪之中，难以采取合适方式疏解，进而个人学习效率降低、个人挂科数目增多、学业指标难以完成若干情况常常出现。时常网络冲浪过程之中，贫困大学生在不良信息诱导之下，个人出现偏激行为的可能性就会大大增加。

二、互联网背景下贫困大学生心理障碍成因

（一）对于贫困认知教育缺失

在互联网+背景下，普通大学生基本都来自一二线大型城市，他们接受新鲜事物的能力较快，对于陌生环境的适应能力较强，究其原因就是个人各项能力形成与学校教授学生相关人文、素质、品行教育息息相关。而互联网的发展却是从一二线城市向三四线城市推进，一二线城市的小学至高中的学校由于具有较好的网络教育资源，可以更好教授学生相关知识，使学生习得个人素质养成教育的相关课程。然而，贫困大学生基本来自偏远县城或者贫困乡镇，由于当地对于贫困认知教育缺失，学校相关网络教育资源落后，对于贫困

大学生德育教育与个人素养教育可能受到制约；加之较为偏远的县城与乡镇比较重视应试教育，忽视贫困大学生全面素质提升的重要性，致使贫困大学生的人文素养教育与思想政治教育出现"偏科"，极有可能造成贫困大学生"心理贫困"现象的出现。

（二）网络时代消费理念及方式的不良影响

社会主义市场经济蓬勃发展，助推高校能够实现教育资源整合与重置。但是，高校已然不是社会人们眼中的象牙塔。网上购物、网上直播、网上订餐等等若干互联网消费形式，不断冲击着大学生的视野，大学生乐于接受方便快捷的网络服务，日常网络消费能够接受。贫困大学生面对寝室他人的各种网络消费，却显得囊中羞涩，逐渐形成自卑、敏感、焦虑的心理状况。同时，攀比心理也给他们带来沉重的生活负担，增添更多心理压力，加之自身设定学业指标不断提高，诸多原因极有可能引发心理扭曲与心理病态。

（三）网络文化的不良因素刺激

随着改革开放不断深入，网络文化之中充斥着诸多不良因素，致使贫困大学生形成不健康、不积极、不正面的世界观、人生观和价值观，加之现实社会文化之中的拜金主义若有抬头之势，助推贫困大学生对于个人金钱观、是非观、道德观的认知出现偏差。贫困大学生身处互联网+背景下，网络文化的不良因素被别有用心的人进行包装、夸大和宣传，使其贫困大学生更加注重物质利益，渴望拥有社会地位与物质财富。长此以往，贫困大学生极有可能心理失衡，心理负面情绪难以发泄，一旦被他人因其个人贫困状况所戏弄、讥笑和嘲讽，就会产生强烈的焦虑感与自卑感，更为甚者会采用极端方式报复和伤害他人，类似案例时常见诸纸质报端和电视媒体。

（四）原生家庭及自身因素的影响

贫困大学生原生家庭父母学历普遍较低，家庭人口较多，对于贫困学生教育与管理相对不足，彼此之间缺少有效沟通，影响贫困大学生形成良好世界观、高尚人生观以及正确价值观；贫困大学生原生家庭重视劳动生产，外出务工、种地种粮、喂养牲畜，解决现实生存问题，忽视贫困大学生日常不良情绪疏导与强化自身抗挫能力。加之贫困大学生自身性格较为内向，羞于表达内心压抑、情绪焦虑、性格自卑，对待每月钱物支出比较在意，过多或者过高消费支出就会致使心理压力过大或者心理负担过重，又要急于摆脱贫困枷锁，容易遭遇不怀好意之人引诱，本身对于相关法律了解不够，误入传销组织或者其他不法组织，极易触犯国家法律法规，受到法律严惩。

三、互联网+背景下贫困大学生的心理健康教育对策

（一）促进贫困大学生正确认识贫困并培养健康人格

互联网+背景下，作为大学生思政教育工作者与大学生心理健康教育工作者应该善于利用网络作为媒介更好地培育贫困大学生健康人格与积极情绪。人格是人类各类心理特征

的集合，健康的人格是良好心理状态的重要源泉之一。人类的人格是具有可塑性与养成性的，健康人格是可以通过教育手段进行相关引导和培育的，一旦养成良好的人格就具有稳定性、持久性和常态性，会使人类由于具有良好的人格进而形成较好的行为操守，并在社会的人际交往中受益较长时间。作为高等院校大学生思想政治教育工作者和大学生心理健康教育工作者应该与时俱进，利用网络媒介，通过微信公众平台、心理驿站、QQ群、贴吧等网络途径，实时动态掌握贫困大学生的心理状况与心理状态，通过线上线下心理健康教育手段，帮助贫困大学生正视现实生活、正视自身学业情况、正视自身人格特征，参与各类相关心理教育课程与实践活动，完善个人性格，提升个人素质，强化个人抗压能力，使其人格中的善良、坚强、果敢等正面因素更加发挥作用。与此同时，作为高等院校大学生思想政治教育工作者和大学生心理健康教育工作者更要善于疏导贫困大学生消极情绪，通过网络会客室、个人网络咨询、线下互动、积极心理学网络课程以及相关个人消极情绪案例解析，引导贫困大学生个人消极情绪得以排解与消除，帮助贫困大学生能够正确疏导个人情绪，精准表达个人情绪，以积极健康的心态直面困境，鼓励贫困大学生能够真正运用积极心理学的相关知识，调整个人情绪，指导个人行为，从容面对学业与生活的挑战。

（二）建立贫困大学生身心状况电子档案

互联网+背景之下，作为高等院校大学生思想政治教育工作者和大学生心理健康教育工作者，不仅要建立贫困大学生个人家庭状况以及心理状况的纸质档案，更要利用互联网作为信息媒介，建立贫困大学生身心状况电子档案，从而确保高等院校大学生思想政治教育工作者和大学生心理健康教育工作者能够从多个维度观察、帮助和培育贫困大学生形成积极的心理状态和良好的个人行为。诸多高校为贫困大学生都已建档立卡，所谓的贫困大学生建档立卡只是根据家庭收入情况和低保等相关证明手续，建立贫困大学生帮扶支助数据库，每年定期发放国家和学校的相关奖助学金。而对于贫困大学生心理帮扶却只是在学校大学生心理健康中心建立个人咨询与个人状况纸质档案，二者之间没有直接联系，致使高校普通心理咨询老师难以根据贫困大学生心理突发状况推断是否由于家庭贫困情况、家庭收入状况、家庭人员变故等相关情况产生的应激心理反应。在互联网+背景下，作为高等院校大学生思想政治教育工作者和大学生心理健康教育工作者，处理贫困大学生心理健康问题，应该及时查看贫困大学生身心状况电子档案，进而全方位、多维度、立体化地分析贫困大学生产生心理问题的缘由，更加准确判断贫困大学生出现心理健康问题的心理特征与行为表征，为下一步对贫困大学生心理健康问题做出相关干预治疗或者转诊送医，提供更加专业的判断说明与判断依据。

在互联网+背景下，建立贫困大学生身心状况电子档案，不但能够全面了解贫困大学生身心健康状况，对于培育贫困大学生健康人格与积极情绪也具有事半功倍的作用。

（三）加强对于贫困大学生心理辅导的针对性

互联网+背景下，尽管线下贫困大学生个别心理辅导较为重要，但是线上的咨询服务也是起到不可小觑的作用。由于贫困大学生心理自卑感较强，即使遇到心理情绪波动状况，也难以真正向陌生人进行倾诉与排解负面情绪，长期的负面情绪难以排解导致心理负担过重，产生抑郁和自闭倾向，更为甚者可能造成抑郁病症或者自残自杀的严重后果。作为高等院校大学生思想政治教育工作者和大学生心理健康教育工作者，要善于利用网络作为了解贫困大学生心理健康状况的媒介平台，利用网络平台的私密性、便捷性和实时性，动态关注部分处于心理抑郁或者自闭倾向较强的贫困大学生，通过一对一的线上个别沟通，利用情绪疏导法、认知调整法、个性行为指导法等方式方法，实时帮助他们调整个人心理状态，将自卑心理或抑郁心理造成的心理压力有所缓解，从而更好地应对自身心理状况，处理相关情绪问题，保证个人身心健康，顺利完成学业。

互联网＋背景下的贫困大学生心理健康教育问题，需要多方加以关注。高等院校大学生思想政治教育工作者和大学生心理健康教育工作者通过网络媒介平台，能够更加便捷、及时了解贫困大学生心理状况，提供更加具有针对性的相应解决方式与处置对策，帮助贫困大学生放松身心，更好适应学业与生活状况，积极学习相关专业知识与心理健康知识，为日后走向社会打下坚实的个人素养与专业学识基础。

参考文献

[1] 李宪芹.高职院校大学生心理健康存在的主要问题及成因分析[J].承德职业学院学报.2007(02):12-14.

[2] 王世伟,马海珊,李阿特,林静.积极心理学视野下的高校心理健康教育模式建构[J].中国校外教育2019(12):90-91.

[3] 罗新兰.大学生心理健康教育[M].杭州:浙江大学出版社,2014:8.

[4] 房宏驰,王惠.心理学视角下高职院校体育教学改革的思考[J].教育现代化,2019,6(50):33-34.

[5] 翟亚丽.论家庭因素对大学生心理健康状况的影响及对策[J].卫生职业教育,2015,33(03):154-155.

[6] 郝颜.职业院校大学生心理健康不良的产生原因分析及对策[J].课程教育研究,2019,(15):34-35.

[7] 向芬.大学生思想政治教育与心理健康教育的整合——基于协同视域[J].学理论,2016,(07):248-249.

[8] 贾宝莹.高校大学生网络心理健康教育与创新咨询方式研究[J].科教文汇,2019,(02):157-159.

[9] 黄欣荣.大数据时代的思维变革[J].重庆理工大学学报:社会科学,2014,28(5):13-18.

[10] 张艳.高校贫困生心理问题分析与救助[J].江苏高教,2012(01):133-134.

[11] 高兰英,温静雅.艺术公选课与大学生心理健康教育的关系初探[J].美与时代(下),2019,(06):58-60.

[12] 林崇德.积极而科学地开展心理健康教育[J].北京师范大学学报(社会科学版),2003(1):31-37.

[13] 李丽.开展积极心理健康教育的方法探析[J].安徽电子信息职业技术学院学报,2008(5):92-93.

[14] 马存燕.大学生主观幸福感的调查研究[J].中国健康心理学杂志,2008(11):1209-1210.

[15] 张倩,郑涌.美国积极心理学介评[J].心理学探新,2003,(3):2.

[16] 向前.积极心理学视角下的发展性心理健康教育[M].北京:中国书籍出版

社,2014:2.

[17] 郑雪. 积极心理学 [M]. 北京师范大学出版社,2014:3.

[18] 邵迪, 罗骁. 基于积极心理学视域的大学生心理健康教育研究综述 [J]. 品牌（下半月),2015,（1）:213.

[19] 马喜亭. 高校积极心理健康教育模式探索 [J]. 北京教育·德育,2011,(574):13.

[20] 彭梅. 积极心理学视野下大学生心理健康教育研究 [D]. 哈尔滨：黑龙江大学,2014:31-38.